Ulbrichts Grundgesetz

Ulbrichts Grundgesetz

Die sozialistische Verfassung der DDR

Mit einem einleitenden Kommentar
von Dietrich Müller-Römer

Verlag Wissenschaft und Politik
Köln

10. Auflage 1971

Umschlaggestaltung Rolf Bünermann
Gesamtherstellung: Mohndruck
Reinhard Mohn OHG, Gütersloh
Printed in Germany · ISBN 3 8046 – 8382 – 7

Inhaltsverzeichnis

Kommunistische Deutschlandpolitik und mitteldeutsches Verfassungsrecht

Politische Umstände haben die inhaltliche Ausgestaltung und den Zeitpunkt, zu dem die neue DDR-Verfassung verabschiedet worden ist, beeinflußt. Dies ist am besten zu verstehen, wenn man einen Blick auf die zweigleisige Deutschlandpolitik der Sowjets seit dem Kriege wirft.

Die sowjetische Politik zielte in den ersten Nachkriegsjahren darauf ab, einerseits ein schwaches, neutralisiertes Gesamtdeutschland als einheitlichen Staat zu schaffen, andererseits die Basis kommunistischer Macht innerhalb Deutschlands durch die Schaffung vollendeter Tatsachen in der eigenen Besatzungszone möglichst auszubauen, so daß eine spätere kommunistische Machtergreifung nach volksdemokratischem Muster erfolgversprechend erschien. Es mag genügen, als Beispiele für diese Zweigleisigkeit einerseits die Einsetzung einer überwiegend aus deutschen Kommunisten bestehenden Regierung für die sowjetische Besatzungszone Deutschlands im Oktober 1949 und andererseits den sowjetischen Friedensvertragsentwurf für ganz Deutschland vom März 1952 zu nennen. So ist es auch erklärlich, daß sich die bisherige Verfassung der DDR vom 7. Oktober 1949 in ihren Formulierungen vielfach an die Weimarer Reichsverfassung von 1919 anlehnte, weil sie ursprünglich für ganz Deutschland konzipiert war. Gültigkeit erlangte sie 1949 allerdings nur in der sowjetischen Besatzungszone Deutschlands. In dem Maße, wie die Widerstände gegen das sowjetische Deutschlandkonzept wuchsen, schwand auch die Hoffnung der Kommunisten, den Geltungsbereich dieser Verfassung auf die übrigen Teile Deutschlands auszudehnen. In der Folgezeit hatte die Verfassung aus dem Jahre 1949 deshalb nur noch die Funktion, den Bolschewisierungsprozeß, der in der Sowjetzone stattfand, zu verschleiern. Die demokratische Fassade dieser

Verfassungsurkunde wurde der SED-Führung im Laufe der Zeit mehr und mehr zum Ärgernis, weil die Verfassungswirklichkeit immer wieder an den rechtsstaatlichen Formulierungen der formell noch gültigen Verfassung gemessen wurde.
Da die mitteldeutschen Machthaber bereits jahrelang offen die Verbindlichkeit des sowjetischen Modells für den von ihnen beherrschten Teil Deutschlands proklamierten, war schon seit einiger Zeit zu erwarten, daß dies auch in einer neuen Verfassung seinen Niederschlag finden würde. Seit Jahren waren in Mitteldeutschland immer wieder Stimmen laut geworden, die eine solche neue Verfassung verlangten. So schlug beispielsweise Ende 1962 die SED-Parteiorganisation an der Rechtswissenschaftlichen Fakultät der Universität Jena in einem Schreiben an die Abteilung Wissenschaft beim Zentralkomitee der SED vor, „konkrete Maßnahmen zur Ausarbeitung einer neuen Verfassung zu beschließen“, weil die neue gesellschaftliche Entwicklungsperiode auch eine neue Staatsverfassung erfordere.
Mancherlei Gründe haben dazu geführt, daß erst jetzt eine neue Verfassung in Mitteldeutschland verabschiedet worden ist. Als sich vor Jahren Chruschtschow mit dem Plan trug, bald eine neue Verfassung für die Sowjetunion zu erlassen, die die Stalinsche Verfassung aus dem Jahre 1936 ablösen sollte, schien es der Ostberliner Führung sinnvoll, eine sozialistische Verfassung für die DDR erst nach der Veröffentlichung der neuen Sowjetverfassung zu verabschieden. Später waren die neuen sowjetischen Führer um so eher geneigt, Ulbrichts Wunsch nach einer neuen Verfassung zu entsprechen, weil sie durch seine Erfüllung keine zusätzliche Unruhe in ihrem europäischen Einflußbereich befürchten mußten. Sie hofften im Gegenteil, dadurch der völkerrechtlichen Anerkennung des kommunistisch regierten Staatsgebildes auf deutschem Boden und damit der Konsolidierung der für sie günstigen Ergebnisse des Zweiten Weltkrieges ein erhebliches Stück näher zu kommen.

Den sowjetischen und deutschen Kommunisten geht es also im Augenblick vornehmlich darum, die Tatsache rechtlich zu fixieren, daß ein Teil Deutschlands kommunistisch regiert wird.

Ulbricht hat das in seiner Rede zur Begründung des Verfassungsentwurfs vor der Volkskammer am 31. Januar 1968 so ausgedrückt:

> „Unsere neue Verfassung wird es jenen, die es heute noch nicht verstehen, klarmachen: Die sozialistische Deutsche Demokratische Republik ist kein Provisorium [1]."

Die verfassungsrechtliche Zementierung der Spaltung unseres Landes und die gewünschte rechtliche Anerkennung dieses Zustandes durch die Staatengemeinschaft sollen in den Augen der SED-Führer dazu dienen, die Basis abzusichern, von der aus ständig versucht wird, auch Westdeutschland im kommunistischen Sinne umzuformen. Der Modellcharakter der neuen Verfassung für die Bundesrepublik wird jedenfalls unüberhörbar betont. So ist bereits in ihrer Präambel davon die Rede, daß die sozialistische Verfassung der DDR „der ganzen deutschen Nation den Weg in eine Zukunft des Friedens und des Sozialismus weisen" will. In Art. 8 der neuen Verfassung wird

> „die Überwindung der vom Imperialismus der deutschen Nation aufgezwungenen Spaltung Deutschlands, die schrittweise Annäherung der beiden deutschen Staaten bis zu ihrer Vereinigung auf der Grundlage der Demokratie und des Sozialismus"

zum Verfassungauftrag für Regierung und Bürger der DDR erhoben [2]. Die zitierten Wendungen deuten auf den politischen Kern der neuen Verfassung hin. Die sozialistische Verfassung der DDR soll einen Markstein auf dem Wege zu einem kommunistisch regierten Gesamtdeutschland bilden.

1 Neues Deutschland 1. Februar 1968, S. 6.

2 So Ulbricht in seiner Rede zur Begründung des Entwurfs, Neues Deutschland 1. Februar 1968, S. 2.

Den Weg bis zur Lösung der deutschen Frage im kommunistischen Sinne unterteilte Ulbricht in seiner Rede zur Begründung des Verfassungsentwurfs in verschiedene Etappen. Am Anfang müßte seiner Ansicht nach der Abschluß von Verträgen über Gewaltverzicht und gleichberechtigte staatliche Beziehungen sowie die Einigung beider deutscher Staaten über gleichzeitige Anträge auf Aufnahme in die Vereinten Nationen stehen. Weiterhin hätte die Bundesrepublik die Pariser Verträge über ihre Eingliederung in das westliche Bündnissystem zu kündigen und ihren Austritt aus der NATO zu erklären. Es werden also lauter einseitige Vorleistungen der Bundesrepublik gefordert, die im Ergebnis ein kommunistisch regierter Staat gleich der DDR werden soll. Schon die Erwägung anderer Möglichkeiten zur Überwindung der deutschen Spaltung verstößt gegen die neue Verfassung. Danach werden Kompromißlösungen etwa im Sinne eines dritten Weges zwischen Kapitalismus und Sozialismus von der gegenwärtigen SED-Führung jetzt auch verfassungsrechtlich für unzulässig erklärt.

Zumindest für die gegenwärtige SED-Führung ist also die augenblickliche Phase der sowjetischen Deutschlandpolitik als einer Strategie der Spaltung Deutschlands nur ein Zwischenspiel, das der Konsolidierung und rechtlichen Absicherung der kommunistischen Herrschaft über einen Teil Deutschlands dienen soll. Von dieser Basis aus kann aber zu gegebener Zeit wieder zur Durchbruchsstrategie mit dem Ziel der Schaffung eines kommunistischen Gesamtdeutschlands übergegangen werden.

Die bisherige Verfassungsentwicklung in Mitteldeutschland

Die Machthaber im anderen Teil Deutschlands betrachten die dortige Verfassungsentwicklung als einen positiven Prozeß. Die neue sozialistische Verfassung bewerten sie deshalb als einen Fortschritt gegenüber der bisherigen Verfassung. So meinte Ulbricht am 1. Dezember 1967:

> „Die Verfassung des Jahres 1949 hat uns und unserem sozialistischen Staat gute Dienste beim Voranschreiten in eine glückliche Zukunft und bei der Errichtung der Fundamente des Sozialismus geleistet. Die neuen Bedingungen unserer gesellschaftlichen Entwicklung, die wir uns selbst geschaffen haben, die neuen Aufgaben und die weiteren Horizonte der sozialistischen Gesellschaft und des sozialistischen deutschen Staates erfordern die neue Verfassung [1]."

Diese „guten Dienste" konnte die Verfassung vom 7. Oktober 1949 den mitteldeutschen Kommunisten nur leisten, weil diese von Anfang an die Verfassung nur teilweise verwirklichten, den Verfassungstext oft entgegen seinem Wortlaut und Sinn auslegten und ganze Teile der Verfassung bald durch neue Gesetze gegenstandslos machten, ohne allerdings den Verfassungstext selbst zu ändern.

Die Verfassung des Jahres 1949 ging zwar auf einen Entwurf der SED aus dem Jahre 1946 zurück [2], trug aber in manchen Teilen den Stempel eines Kompromisses mit den anderen beiden Parteien, die damals noch in beschränktem Maße eigener politischer Willensbildung fähig waren, CDU und LDP [3]. Weil man außerdem mit Vorbedacht an Formulierungen der Weimarer Reichsverfassung angeknüpft hatte, wies der

1 Neues Deutschland 2. Dezember 1967, S. 5.

2 Abgedruckt in Dokumente der SED, Bd. I, Berlin (Ost) 1952, S. 114–137.

3 Zur Entstehungsgeschichte der ersten DDR-Verfassung vgl. Travers, Entwicklung und ideologische Hintergründe der Verfassungsarbeiten in der SBZ bis zur Gründung der „DDR", Juristische Dissertation, Freiburg im Breisgau 1962.

Verfassungstext kaum Anklänge an das sowjetische Modell auf und ließ – für sich betrachtet – nicht vermuten, daß er als Grundgesetz eines kommunistisch regierten Staatsgebildes auf deutschem Boden dienen könnte.
Zu den Teilen der Verfassung, die von Anfang an niemals voll verwirklicht worden sind, gehören die Bestimmungen über die Grundrechte und die Wahlen. Die Grundrechte der Verfassung von 1949 durften niemals dazu dienen, im Konfliktfall dem einzelnen Schutz gegenüber der Staatsgewalt zu bieten, obwohl in der dazugehörigen Abschnittsüberschrift von den „Grenzen der Staatsgewalt" die Rede war, die Verfassung also ersichtlich von einem staatsfreien Raum zur persönlichen Entfaltung des Bürgers ausging. Wahlen im Sinne eines Auswählens zwischen mehreren Parteien, die miteinander um die Macht konkurrieren, hat es in der DDR seit 1949 nicht mehr gegeben. Die von Art. 51 Absatz 2 der bisherigen Verfassung vorgeschriebene Wahl nach den Grundsätzen des Verhältniswahlrechts hat es nie gegeben. Seit 1949 ist nämlich stets nur ein einheitlicher Wahlvorschlag der Nationalen Front des demokratischen Deutschland aufgestellt worden. Bei nur einem Wahlvorschlag können aber Zahlen abgegebener Stimmen nicht miteinander ins Verhältnis gesetzt werden, da alle Stimmen nur für oder gegen einen einzigen Vorschlag abgegeben werden.
Die Umwandlung der Funktion des an rechtsstaatliche Vorbilder angelehnten Grundrechtskatalogs der bisherigen Verfassung im Sinne der marxistisch-leninistischen Auffassungen wurde seit 1949 durch Gesetzgebung, Rechtsprechung und Verwaltungspraxis vorgenommen[4]. So konnte Ulbricht bereits 1958 erklären:

> „Die sozialistischen Persönlichkeitsrechte, die von den engen Grundrechten der bürgerlichen Verfassung weit verschieden sind, bilden sich daher immer mehr und mehr

[4] Nachweise dafür bei Müller-Römer, Die Grundrechte in Mitteldeutschland, Köln 1965, S. 107–210.

heraus. Die in der Verfassung festgelegten Grundrechte haben im Leben eine Weiterentwicklung erfahren[5]."

Entgegen seinem Wortlaut und Sinn wurde der Text der bisherigen Verfassung besonders bei den persönlichen Freiheitsrechten nach ideologischen und aktuell-politischen Gesichtspunkten einengend ausgelegt. So ist beispielsweise trotz der rechtsstaatlich formulierten Bestimmung des Art. 9 der bisherigen Verfassung die Freiheit der Meinungsäußerung darauf beschränkt, daß sich jedermann öffentlich zustimmend über die Zustände in der DDR äußern darf. Kritik ist nur erlaubt und erwünscht, sofern dadurch die von Partei und Staatsführung proklamierte Entwicklung gefördert wird. Andere Meinungsäußerungen wurden und werden heute noch häufig bestraft[6]. In der Betrachtungsweise der SED verengt sich somit das Recht auf Meinungsfreiheit zu dem zweckgebundenen „Recht, Mißstände aufzudecken, ist das Recht auf Meinungsstreit gegen alles, was hindert und hemmt"[7].

Auch andere Grundrechte wurden parteilich gehandhabt, wie das folgende, besonders krasse Beispiel zeigt. 1955 lehnte eine Dienststelle der Volkspolizei einen Antrag auf Übersiedlung nach Westdeutschland ab. Der Antragsteller hatte sich auf die Art. 8 und 10 der ersten DDR-Verfassung berufen, in denen das Recht niedergelegt war, sich an einem beliebigen Ort niederzulassen bzw. auszuwandern. Die Bezirkspolizeibehörde Dresden begründete ihren ablehnenden Bescheid damit, das Grundrecht auf Auswanderung treffe in diesem Fall nicht zu, da das Bundesgebiet kein Ausland sei. Auch das Recht auf Freizügigkeit sei durch den ablehnenden Bescheid nicht verletzt, denn es gelte nur für das Gebiet der DDR[8].

5 Protokoll der Verhandlungen des V. Parteitages der SED, Bd. I, Berlin (Ost) 1959, S. 51.

6 Nachweise bei Müller-Römer, a. a. O., S. 132 ff.

7 Haney, Das Recht der Bürger und die Entfaltung der sozialistischen Persönlichkeit, Staat und Recht 1962, S. 1063–1080 (1074).

8 Bescheid der Bezirksbehörde Dresden der Deutschen Volkspolizei, abgedruckt in: Die Flucht aus der Sowjetzone und die Sperrmaßnahmen des kommunistischen Regimes vom 13. August 1961 in Berlin, Bonn und Berlin 1961, S. 106.

Die Ordnung von Regierung und Verwaltung, wie sie durch die erste Verfassung der DDR 1949 festgelegt worden war, wurde schon kurz nach Inkrafttreten der Verfassung geändert.
Nach der Verfassung von 1949 gliederte sich die DDR in fünf Länder, die ihre Angelegenheiten selbst ordneten und über die Länderkammer an der Gesetzgebung der Republik mitwirkten. Innerhalb der Länder gliederte sich die Verwaltung in Kreise und Gemeinden, denen ihrerseits verfassungsrechtlich die kommunale Selbstverwaltung garantiert war. Bereits 1952, nachdem die SED zuvor auf ihrer 2. Parteikonferenz den Beginn des Aufbaus des Sozialismus proklamiert hatte, wurde die territoriale Organisation, wie sie in der Verfassung niedergelegt worden war, grundlegend geändert. Die Kreisgebiete wurden neu gegliedert und jeweils mehrere Kreise zu Bezirken zusammengefaßt[9]. Die bestehenden Landtage und Landesregierungen lösten sich daraufhin auf. Obwohl man vom Fortbestand der Länder ausging, waren diese durch den Wegfall aller Organe zumindest handlungsunfähig geworden. Die Länderkammer, durch welche die Länder an der Gesetzgebung der Republik beteiligt waren, wurde zunächst mit Mitgliedern der neu gebildeten Bezirkstage besetzt und erst Ende 1958 aufgelöst[10]. Mit Aufhebung der Finanzhoheit der Kreise und Gemeinden im Dezember 1950[11] war bereits das Kernstück der kommunalen Selbstverwaltung beseitigt worden. Seit den Reformen des Sommers 1952 gelten Gemeinden und Kreise nur noch als örtliche Organe der einheitlichen Staatsmacht. Aus sich selbst verwaltenden Gebietskörperschaften sind territoriale Verwaltungseinheiten geworden, deren Organisation und Aufgaben sich jetzt nach den Ord-

9 Gesetz über die weitere Demokratisierung des Aufbaus und der Arbeitsweise der staatlichen Organe in den Ländern der DDR vom 23. Juli 1952 (GBl S. 613).

10 Gesetz über die Auflösung der Länderkammer der DDR vom 8. Dezember 1958 (GBl I, S. 867).

11 Gesetz über die Reform des öffentlichen Haushaltswesens vom 15. Dezember 1950 (GBl S. 1201).

nungen von 1961 regeln[12]. Trotz dieser völligen Beseitigung der Länder und der kommunalen Selbstverwaltung sind die einschlägigen Bestimmungen der Verfassung von 1949 formell niemals aufgehoben worden.

Das 1949 in der Verfassung festgelegte Regierungssystem wurde gleichfalls umgestaltet. Durch mehrere Gesetze wurde seit 1952 die Regierung der Republik, die laut Art. 91 der Verfassung aus dem Ministerpräsidenten und den Ministern besteht, in ein Kollegium der obersten Behördenchefs verwandelt, das sich Ministerrat nennt[13]. Wichtige militärpolitische Entscheidungsbefugnisse wurden Anfang 1960 einem besonderen Gremium übertragen, dem Nationalen Verteidigungsrat[14]. Wesentliche Regierungsfunktionen gingen Ende 1960 vom Ministerrat auf den Staatsrat über, der zugleich kollektives Staatsoberhaupt ist und gewisse Aufgaben eines Parlamentspräsidiums wahrnimmt[15]. Ihm unterstehen nicht nur Ministerrat und Nationaler Verteidigungsrat, sondern auch die Staatsanwaltschaften und Gerichte. Damit konzentriert sich im Staatsrat und innerhalb dieses Gremiums bei dessen Vorsitzendem die politische Macht im „Staatsapparat". Dies entspricht den Vorstellungen der kommunistischen Verfassungslehre von der Gewaltenvereinigung. In der Personalunion zwischen Parteichef und Vorsitzendem des Staatsrates, wie sie gegenwärtig in der Person Ulbrichts gegeben ist, liegt eine zusätzliche Garantie für die reibungslose Übertragung des Willens der Parteiführung auf den „Staatsapparat".

12 Erlaß des Staatsrates der DDR zu den Ordnungen über die Aufgaben und Arbeitsweise der örtlichen Volksvertretungen und ihrer Organe vom 28. Juni 1961 (GBl I, S. 51) in Verbindung mit dem Erlaß des Staatsrates der DDR über Aufgaben und Arbeitsweise der örtlichen Volksvertretungen und ihrer Organe unter den Bedingungen des neuen ökonomischen Systems der Planung und Leitung der Volkswirtschaft vom 2. Juli 1965 (GBl I, S. 159).

13 Heute gilt das Gesetz über den Ministerrat der DDR vom 17. 4. 1963 (GBl I, S. 89).

14 Gesetz über die Bildung des Nationalen Verteidigungsrates der DDR vom 27. 2. 1960 (GBl I, S. 89).

15 Gesetz über die Bildung des Staatsrates der DDR vom 12. 9. 1960 (GBl I, S. 505).

Kein Abschnitt und fast kein Artikel der bisherigen Verfassung der DDR blieb von dieser Entwicklung verschont. Trotzdem wurde der Verfassungstext nur zweimal geändert und einmal ergänzt. Die angeführten Beispiele zeigen, daß die Verfassungsentwicklung weitgehend ohne Veränderung der Verfassungsurkunde im Wege des Erlasses sog. verfassungsgleicher Gesetze und parteilicher Auslegung der Verfassungsnormen im Sinne der SED gelenkt wurde [16].

Das Ergebnis dieser Verfassungsentwicklung neben und entgegen der Verfassungsurkunde war schließlich, daß in den letzten Jahren die entscheidenden und charakteristischsten Bestimmungen des Verfassungsrechts der DDR in einer Vielzahl von Gesetzen außerhalb der Verfassung vom 7. Oktober 1949 zu finden waren. Die neue Verfassung übernimmt jetzt einen Großteil dieser schon bestehenden Rechtssätze und macht sie damit auch formell zu Verfassungsrecht. Insofern bietet die zweite Verfassung der DDR wenig Neues. Anders steht es allerdings mit dem weltanschaulichen Hintergrund, der in der bisherigen Verfassung praktisch keinen Niederschlag gefunden hatte. Wichtige Kernsätze der marxistisch-leninistischen Weltanschauung werden durch die neue Verfassung in den Rang von Verfassungsnormen erhoben.

16 Für die Einzelheiten vgl. Mampel, Die Verfassung der Sowjetischen Besatzungszone Deutschlands, Text und Kommentar, 2. Aufl., Frankfurt am Main 1966.

Der ideologische Hintergrund der neuen Verfassung

In der Präambel bereits wird das neue Grundgesetz für Mitteldeutschland als sozialistische Verfassung bezeichnet. Daran wird die weltanschauliche Bindung und die marxistisch-leninistische Auffassung von Wesen und Funktion des Staates und seiner Verfassung erkennbar. Der Marxismus-Leninismus versteht nämlich, was Nichtkommunisten leicht übersehen, unter Sozialismus lediglich eine zeitlich begrenzte, geschichtlich notwendige Durchgangsperiode.

Der historische Materialismus als kommunistische Geschichtslehre begreift die ganze menschliche Geschichte als einen wirtschaftlich verursachten, zwangsläufigen Prozeß, der durch menschliches Handeln lediglich gehemmt oder beschleunigt, keinesfalls aber aufgehalten oder in seiner Richtung verändert werden kann. Im Verlauf der Geschichte werde der Kapitalismus, der durch Ausbeutung der Arbeitnehmer mittels des Privateigentums an den Produktionsmitteln und zunehmende Monopolisierung der wirtschaftlichen und politischen Macht gekennzeichnet sei, durch die proletarische Revolution beseitigt. Dies sei erstmals 1917 in Rußland durch die Oktoberrevolution geschehen. Der revolutionäre Umsturz wurde durch die straff organisierte „Avantgarde des Proletariats", die kommunistische Partei, bewerkstelligt. Auch die mit Hilfe der Roten Armee seit Ende des Zweiten Weltkriegs in Europa errichteten kommunistischen Regime werden von den Kommunisten als Ergebnisse proletarischer Revolutionen einheimischer kommunistischer Parteien betrachtet.

Hat eine kommunistische Partei – auf welche Weise auch immer – die Macht im Staat ergriffen, wird dieser zum wichtigsten Instrument, im Prozeß der „Revolution von oben" die Zukunftsvorstellungen der Parteiführung zu verwirklichen. Die kommunistischen Theoretiker aller Schattierungen sind sich seit Lenin darin einig, daß die nachrevolutionäre Epoche in mehrere Perioden zerfällt. Zunächst gelte es, die besiegten, aber noch nicht endgültig geschlagenen Kapitalisten vollends zu entmachten. Dies werde durch Enteignungen und politische Beschränkungen erreicht. Durch Ausschaltung aller anderen Einflüsse hat die Führung der kommunistischen Partei während dieser nachrevolutionären Übergangsperiode ein Machtmonopol errungen, das sie künftig beizubehalten gedenkt. Am Ende der Übergangsperiode sei der Aufbau der Grundlagen des Sozialismus abgeschlossen. Damit beginne eine neue, nämlich die sozialistische Periode, in der es gelte, die Grundlagen des Kommunismus, der endgültigen nachrevolutionären Gesellschaftsformation, zu schaffen. Die sozialistische Periode ist nach marxistisch-leninistischer Auffassung in erster Linie dadurch gekennzeichnet, daß die Ausbeutung des arbeitenden Menschen beseitigt sei durch die Vergesellschaftung der Produktionsmittel und das Prinzip verwirklicht werde: „Jeder nach seinen Fähigkeiten, jedem nach seiner Leistung." Diese ideologischen Formeln tauchen deshalb in Art. 2 Abs. 3 der sozialistischen Verfassung der DDR als Rechtssätze auf.

Nach kommunistischem Selbstverständnis soll die zweite Verfassung der DDR die Vollendung des Aufbaus der Grundlagen des Sozialismus in Mitteldeutschland markieren. Sie stellt also aus ideologischer Sicht den Schlußpunkt der Verfassungsentwicklung in der Übergangsperiode zum Sozialismus dar. Gleichzeitig soll sie aber das grundlegende Gesetz für die nächsten Jahrzehnte, also die sozialistische Periode, sein. Die neue Verfassung ist somit gegenwärtige Ordnung und Programm für die Zukunft zugleich. Deshalb werden darin die Linien der Entwicklung, wie sie sich die gegenwärtige SED-Führung vorstellt und wünscht, bis in die Zukunft gezogen. Ulbricht betonte schon bei der Begründung des Entwurfs:

> „Nunmehr gibt sich unser Volk durch diese sozialistische Verfassung zugleich das Programm der staatlichen und

gesellschaftlichen, ökonomischen und geistig-kulturellen Entwicklung. Die Verfassung enthält die grundlegenden Bestimmungen für die Gestaltung des entwickelten gesellschaftlichen Systems des Sozialismus und gibt die strategische Orientierung auf den Sieg des Sozialismus[1]."

Als einer sozialistischen Verfassung kommt Ulbrichts Grundgesetz unter ideologischem Blickwinkel also die gleiche Bedeutung zu wie in der Sowjetunion der Stalinschen Verfassung von 1936 oder neuerdings den Verfassungen der Tschechoslowakei (1960) und Rumäniens (1965). Unter den sozialistischen Staaten Europas besitzt auch Jugoslawien in seiner Bundesverfassung von 1963 eine sozialistische Verfassung, doch wird diese von den Moskauer Führern in manchen Punkten als ketzerisch angesehen. Deshalb haben nur die drei zuerst genannten Verfassungen sowie die Überlegungen, die man in der Sowjetunion über eine neue Verfassung anstellt, die Formulierung der zweiten Verfassung der DDR maßgeblich beeinflußt.

In diesem Zusammenhang fällt auf, daß heute in der DDR ohne weitere Zusätze lediglich vom sozialistischen Staat gesprochen wird, obwohl die marxistisch-leninistische Staatslehre verschiedene Entwicklungsstufen und historische Erscheinungsformen des sozialistischen Staates kennt[2]. Ausdrücke wie Diktatur des Proletariats, Volksdemokratie oder Volksstaat, die zeitweilig auch in Mitteldeutschland geläufig waren, werden dort jetzt nicht mehr verwendet[3]. Unter Volksdemokratie verstehen die Kommunisten die neben der Sowjetdemokratie mögliche zweite sozialistische Staatsform

1 Neues Deutschland 1. Februar 1968, S. 2.

2 Zur DDR-Version der marxistisch-leninistischen Staatslehre vgl. Mampel, Die Entwicklung der Verfassungsordnung in der Sowjetzone Deutschlands von 1945 bis 1963, in: Jahrbuch des öffentlichen Rechts, Bd. 13, S. 455–579 (456 bis 494) und Müller-Römer, Die Grundrechte in Mitteldeutschland, Köln 1965, S. 29–43.

3 Einzelheiten bei Schultz, Die Diktatur des Proletariats und das Verfassungsrecht der europäischen Volksdemokratien, Recht in Ost und West 1965, S. 229–237.

in der Periode der Diktatur des Proletariats. Kennzeichnend für den volksdemokratischen Staat soll die noch nicht abgeschlossene Vergesellschaftung der Produktionsmittel und das Bestehen weiterer Parteien neben der führenden kommunistischen Partei sein. Da beide Staatsformen grundsätzlich gleicher Natur seien und die Unterscheidung vor allem historisch bedingt sei, wird sie heute offensichtlich auch von den Kommunisten selbst nicht mehr als besonders wichtig empfunden [4]. Schon bisher hat man Länder mit Einparteiensystemen – wie Rumänien und Albanien – stets zu den Volksdemokratien gezählt. Auch ist die Vergesellschaftung der Produktionsmittel in den meisten Volksdemokratien inzwischen nahezu abgeschlossen. Ursprünglich teilten alle Vertreter der marxistisch-leninistischen Staatslehre die Auffassung, daß der nachrevolutionäre Staat während der ganzen Periode des Sozialismus ein Staat der Diktatur des Proletariats sei. Seit allerdings Chruschtschow 1961 im Entwurf für das neue Parteiprogramm der KPdSU davon gesprochen hatte, daß nach dem Sieg des Sozialismus der Staat der proletarischen Diktatur zum Staat des gesamten Volkes geworden sei, war man auch in Mitteldeutschland der Meinung, der volksdemokratische Staat werde sich mehr und mehr zum Volksstaat entwickeln [5]. Entsprechende Formulierungen fanden auch Eingang in Programm und Statut der SED von 1963. In letzter Zeit ist es um den Begriff selbst still geworden, nicht zuletzt wohl deshalb, weil er der chinesischen Fraktion im Weltkommunismus Gelegenheit bot, unter Berufung auf Marx gegen die Sowjetunion zu polemisieren. Marx schnitt bekanntlich jede Diskussion über den Volksstaatsgedanken mit dem Bemerken ab, man käme „dem Problem durch tausendfache Zusammensetzung des Wortes Volk mit dem Wort Staat auch

4 Vgl. dazu Grundlagen des Marxismus-Leninismus, Lehrbuch, Übersetzung aus dem Russischen, Berlin (Ost) 1960, S. 619–621.

5 So beispielsweise Petzold, Das Recht in der Periode des umfassenden Aufbaus des Sozialismus in der DDR, Staat und Recht 1963, S. 17–32.

nicht um einen Flohsprung näher"[6]. Der Sache nach freilich wird der Volksstaatsgedanke in der DDR weiterhin vertreten, wenn man dort heute alle Kreise der Bevölkerung als staatstragend ansieht.

Wird der Staat lediglich als das wichtigste Instrument der kommunistischen Parteiführung zur Umformung der Gesellschaft verstanden, so liegt das Zentrum grundsätzlicher Initiativen außerhalb dieses „Staatsapparates". Im Politbüro und Sekretariat des Zentralkomitees der SED werden in Mitteldeutschland alle wichtigen Entscheidungen getroffen. Ein differenziertes System von Anweisungen, Personalunionen und Kontrollen sorgt dafür, daß die Entscheidungen der Parteiführung im staatlichen Bereich ausgeführt werden. Dementsprechend beinhaltet auch die Verfassungsurkunde nur einen Teil, noch dazu den weniger wichtigen der gesamten Rechtsverfassung. Teile des Programms, des Statuts und des Gewohnheitsrechts der SED gehen der Verfassung der DDR und dem Verfassungsrecht außerhalb der Verfassungsurkunde vor.

6 So in der Kritik des Gothaer Programms, zitiert nach Marx/Engels, Ausgewählte Schriften in 2 Bänden, 10. Aufl., Berlin (Ost) 1960, Bd. II, S. 24.

Die Entstehung der sozialistischen Verfassung

Verfassungen sind stets Ergebnisse politischer Willensbildung. Das ist in Ost und West so. Der Unterschied zwischen der Verfassung eines demokratischen Landes und der eines kommunistisch regierten Staates oder Gebietes besteht darin, daß im einen Fall die Vorstellungen politischer Kräfte und Parteien aller Richtungen in Gestalt eines tragbaren Kompromisses Eingang in die Verfassungsurkunde gefunden haben, im anderen aber allein die Anschauungen einer Gruppe oder Partei Verfassungsrecht geworden sind. Die neue Verfassung der DDR enthält im Gegensatz zu der aus dem Jahre 1949 praktisch keine Zeichen eines Kompromisses mit nichtkommunistischen Kräften im politischen Raum. Sie ist von den Vorstellungen der gegenwärtigen SED-Führung geprägt worden.

Das Verfahren der Verfassungsgebung zerfiel in mehrere Teile, unter denen der erste im Schoß der Parteiführung am wichtigsten war, obwohl über ihn am wenigsten bekanntgeworden ist.

Nachdem in Übereinstimmung mit der Moskauer Führung die grundsätzliche Entscheidung für eine neue Verfassung der DDR im Politbüro der SED gefallen und über die ersten Umrisse des Projektes Einigkeit erzielt worden war, konnte Ulbricht im April 1967 auf dem VII. Parteitag der SED als Erster Sekretär des Zentralkomitees öffentlich von der Notwendigkeit einer neuen Verfassung sprechen:

> „Seit einiger Zeit ist sichtbar, daß die gegenwärtige Verfassung der DDR offenbar nicht mehr den Verhältnissen der sozialistischen Ordnung und dem gegenwärtigen Stand der historischen Entwicklung entspricht. In der Tat ist unsere gegenwärtige Verfassung in der Zeit der antifaschistisch-demokratischen Ordnung entstanden, über die wir bekanntlich weit hinausgewachsen sind. In der Zwischenzeit ergaben sich durch einstimmig von der Volks-

kammer verabschiedete Gesetze Ergänzungen und Durchführungsbestimmungen. Die Ausarbeitung einer neuen, zeitgemäßen Verfassung setzt jedoch voraus, daß die grundlegenden Probleme der neuen Periode weitgehend ausgereift sind. Ich meine: Das dürfte in naher Zukunft der Fall sein[1]."

Anschließend trug Ulbricht die wichtigsten Überlegungen zum Inhalt der neuen DDR-Verfassung vor und versicherte sich der Zustimmung der Parteitagsdelegierten. Zwei Wochen später meinte er vor der Volkskammer:

„Jetzt ist wohl die Zeit für die Ausarbeitung einer neuen, zeitgemäßen Verfassung unserer Republik gekommen[2]."

In den folgenden Monaten drangen keine Nachrichten über das Projekt mehr in die Öffentlichkeit. Die zuständigen Mitarbeiter des zentralen Parteiapparates waren unter der Leitung von Klaus Sorgenicht, dem Leiter der Abteilung Staats- und Rechtsfragen des Zentralkomitees der SED, damit beschäftigt, anhand der vom Politbüro erteilten Richtlinien einen detaillierten Vorentwurf auszuarbeiten und die Voraussetzungen für das weitere Verfahren zu schaffen. Dieser SED-Vorentwurf zur neuen Verfassung ist, anders als der Entwurf aus dem Jahre 1946 für die erste Verfassung, niemals veröffentlicht worden, weil der Eindruck erweckt werden soll, als habe erst die später eingesetzte staatliche Verfassungskommission diese Vorarbeit geleistet. Erst im November 1967 informierte Ulbricht das Plenum des Zentralkomitees seiner Partei über diese Vorarbeiten[3]. Eine Woche später erklärte er am 1. Dezember 1967 feierlich als Vorsitzender des Staatsrates vor der Volkskammer, man werde jetzt beginnen, eine

1 Vgl. Neues Deutschland 18. April 1967, S. 6/7.

2 Erklärung des Vorsitzenden des Staatsrates vor der Volkskammer am 2. Mai 1967, abgedruckt in: Neues Deutschland 3. Mai 1967, S. 3–5.

3 Vgl. das Kommuniqué über die 3. Tagung des Zentralkomitees der SED vom 23. bis 24. November 1967 (Neues Deutschland 25. November 1967, S. 1), worin allerdings ungenau nur von einer Information „über Fragen des Staatsrechts" die Rede ist.

neue sozialistische Verfassung auszuarbeiten[4]. Tatsächlich gab es zu diesem Zeitpunkt bereits einen Vorentwurf, den die damit beauftragten Parteidienststellen angefertigt hatten.

Mit der ausdrücklichen Billigung der Ulbricht-Rede durch einen Beschluß der Volkskammer[5] und der Einsetzung einer Kommission der Volkskammer zur Ausarbeitung der sozialistischen Verfassung[6] wurde am 1. Dezember 1967 auf Initiative der Parteiführung der staatliche Teil der Verfassungsgebung eingeleitet. Als Parteichef und Vorsitzender der Verfassungskommission drückte Ulbricht der zweiten Verfassung der DDR seinen Stempel auf. Sie soll offenbar die verfassungsrechtliche Krönung seiner Laufbahn als „deutscher Staatsmann" sein. Schon durch die Zusammensetzung der Kommission war für eine reibungslose Übertragung des verfassungsgeberischen Willens der Parteiführung auf den „Staatsapparat" gesorgt. Unter den 40 Mitgliedern und 22 Sachverständigen der Verfassungskommission befanden sich außer Ulbricht noch 4 weitere Mitglieder des Politbüros der SED (Willi Stoph, Friedrich Ebert, Erich Honecker und Herbert Warnke). Ein Mitarbeiter des ZK-Apparates (Klaus Sorgenicht) war als Sekretär der Kommission tätig.

Ende Januar 1968 berichtete Ulbricht dem Plenum des SED-Zentralkomitees „über die Vorbereitung der sozialistischen Verfassung"[7]. Nur knapp zwei Monate nach Einsetzung der Verfassungskommission durch die Volkskammer legte Ulbricht als Vorsitzender dieser Kommission am 31. Januar 1968 der Volkskammer bereits einen fertigen Verfassungsentwurf vor[8].

[4] Vgl. Neues Deutschland 2. Dezember 1967, S. 3–5.

[5] Beschluß der Volkskammer der DDR über die Zustimmung der Volkskammer der DDR zur Erklärung des Vorsitzenden des Staatsrates der DDR vom 1. 12. 1967 (GBl I, S. 129).

[6] Beschluß der Volkskammer der DDR über die Bildung einer Kommission der Volkskammer der DDR zur Ausarbeitung einer sozialistischen Verfassung der DDR vom 1. 12. 1967 (GBl I, S. 130).

[7] Kommuniqué der 4. Tagung des Zentralkomitees der SED vom 29. bis 30. Januar 1968, abgedruckt in: Neues Deutschland 31. Januar 1968, S. 1.

[8] Erstmals veröffentlicht in: Neues Deutschland 2. Februar 1968.

Es liegt auf der Hand, daß innerhalb so kurzer Zeit ein aus 40 Mitgliedern und 22 Sachverständigen bestehendes Gremium, selbst wenn es ständig getagt hätte, ohne umfassende Vorbereitung keine verabschiedungsreife Vorlage erarbeiten konnte. Dieser Umstand allein zeigt schon, wie die Gewichte im Prozeß der neuen mitteldeutschen Verfassungsgebung verteilt gewesen sind. Entscheidend waren dabei die mindestens 7 Monate dauernden Arbeiten der hauptamtlichen SED-Funktionäre, die vor dem ersten Zusammentreten der Kommission geleistet worden sind. Mit einer Entschließung vom 31. Januar 1968 nahm die Volkskammer den Verfassungsentwurf der Kommission zur Kenntnis und unterbreitete ihn „dem Volk der Deutschen Demokratischen Republik zur umfassenden Aussprache“ [9].

Damit begann der dritte Teil der Verfassungsgebung. Erst jetzt erfuhr die Bevölkerung Mitteldeutschlands Einzelheiten und Text des fertigen Entwurfs. Bis dahin hatten auf dessen Gestaltung nur die damit befaßten Mitarbeiter des zentralen SED-Parteiapparates und die Mitglieder und Sachverständigen der Volkskammerkommission Einfluß nehmen können. Die sogenannte Volksaussprache über den Entwurf dauerte wie die vorangegangene Behandlung durch die Kommission wiederum knapp zwei Monate. Im Februar und März 1968 fand eine Vielzahl von Versammlungen statt. Nach offiziellen Angaben sollen es mehr als 750 000 Veranstaltungen mit insgesamt rund 11 Millionen Teilnehmern gewesen sein [10]. Jeder Haushalt hatte Anfang Februar durch Postwurfsendung den Verfassungsentwurf zugesandt erhalten mit der Aufforderung, sich an der „Volksaussprache“ darüber zu beteiligen. Die daraufhin abgehaltenen „Bürgervertreterkonferenzen“ waren wohlvorbereitete Veranstaltungen einer rührigen Ver-

[9] Entschließung der Volkskammer der DDR zum Bericht der Kommission zur Ausarbeitung einer sozialistischen Verfassung der DDR vom 31. 1. 1968 (GBl I, S. 121).

[10] So Professor Correns in seinem Bericht vor der Volkskammer am 26. März 1968, abgedruckt in: Neues Deutschland 27. März 1968.

fassungspropaganda der SED. Möglichkeiten echter Diskussion, in der Gegenmeinungen vertreten und substantielle Änderungen des Entwurfs erreicht werden konnten, boten sie nicht.

Daraus erklärt sich die sonst unverständliche Tatsache, daß die 12454 formulierten Änderungsvorschläge, die der Verfassungskommission aus der Bevölkerung zugegangen sind[11], zwar zu 118 Änderungen an der Präambel und 55 der insgesamt 108 Artikel des Entwurfs geführt haben[12], diese Änderungen aber trotz ihres Umfanges von wenigen Ausnahmen abgesehen nur geringfügiger Art oder redaktioneller Natur sind. Echte substantielle Verbesserungen gegenüber dem Entwurf enthält der endgültige Text der neuen Verfassung nur an zwei Stellen. Abweichend vom Entwurf ist in Art. 33 Absatz 2 festgelegt, was schon in der bisherigen Verfassung stand, daß kein Bürger einer auswärtigen Macht ausgeliefert werden darf. In Art. 20 Absatz 1 ist die Gleichheit vor dem Gesetz auch hinsichtlich des religiösen Bekenntnisses ausdrücklich festgelegt worden. Der gleiche Artikel gewährleistet in der ergänzten Fassung auch die Gewissens- und Glaubensfreiheit, von der im Entwurf nichts stand.

Bereits am 14. März 1968, also nur 6 Wochen nachdem durch die Veröffentlichung des Entwurfs die sogenannte Volksaussprache begonnen hatte, entschied die Volkskammerkommission auf der Grundlage der Anregungen und Vorschläge aus der Bevölkerung über eine Reihe von Änderungen am Text des Entwurfs und „traf Festlegungen über die Fortsetzung ihrer Arbeit“[13]. Auf dieser Sitzung hat die Kommission offenbar bereits den endgültigen Verfassungstext weitgehend fertiggestellt, denn bereits 7 Tage später berichtete ihr Sekretär

11 Einige Beispiele derartiger Änderungsvorschläge und ihrer Berücksichtigung bei Abfassung des endgültigen Textes bringt Neues Deutschland 3. April 1968, S. 3.

12 Die Zahlenangaben stammen aus dem Bericht der Verfassungskommission über die Ergebnisse der „Volksaussprache zum Entwurf“, der teilweise veröffentlicht worden ist (Neues Deutschland 28. März 1968, S. 2 und 4).

13 Vgl. Neues Deutschland 15. März 1968, S. 11.

am 21. März 1968 dem Plenum des Zentralkomitees der SED „über die Volksaussprache zum Entwurf der sozialistischen Verfassung der DDR und über die Tätigkeit der Vertreter der SED in der Verfassungskommission“ [14]. Wiederum wenige Tage danach erklärte die Volkskammer am 26. März 1968 die „Volksaussprache“ für abgeschlossen, bestätigte die überarbeitete Fassung des Entwurfs und beschloß, diesen endgültigen Text der Bevölkerung zur Entscheidung zu unterbreiten [15]. Auf der gleichen Sitzung verabschiedete die Volkskammer deshalb ein Gesetz über einen Volksentscheid, der bereits 10 Tage später am 6. April 1968 stattfand [16]. Mit 94,49 v. H. Ja-Stimmen brachte er der SED das gewünschte Ergebnis [17]. Schon am ersten, dem Volksentscheid folgenden Werktag verkündete Ulbricht die neue Verfassung [18], die gemäß § 10 des Gesetzes über den Volksentscheid nach Ablauf des Tages ihrer Verkündung in Kraft trat. Seit dem 9. April 1968 besitzt Mitteldeutschland also eine sozialistische Verfassung, die nach Ulbrichts Willen das staatliche Grundgesetz für die nächsten Jahrzehnte sein soll.

Durch die Abhaltung des Volksentscheides weicht das Verfahren der Verfassungsgebung von der Prozedur ab, die bisher in der DDR bei wichtigen Gesetzen – beispielsweise 1961 bei dem Gesetzbuch der Arbeit und 1965 bei dem Familiengesetzbuch – geübt worden ist. In solchen Fällen wurde eine „Volksaussprache“ über den fertigen Entwurf veranstaltet, die hauptsächlich der Propagierung der neuen gesetzlichen Bestimmungen unter der Bevölkerung diente. Anschließend verabschiedete die Volkskammer die betreffende Gesetzesvorlage. Vor der Verabschiedung der neuen Strafgesetze im

14 Kommuniqué der 5. Tagung des Zentralkomitees der SED am 21. März 1968, abgedruckt in: Neues Deutschland 22. März 1968, S. 1.

15 Entschließung der Volkskammer der DDR vom 26. März 1968 (GBl I, S. 191).

16 Gesetz zur Durchführung eines Volksentscheides über die Verfassung der DDR vom 26. 3. 1968 (GBl I, S. 192).

17 Vgl. Neues Deutschland 9. April 1968, S. 1.

18 Amtlich veröffentlicht in GBl I, S. 199.

Januar 1968 unterblieb sogar eine derartige „Volksaussprache".

Das jetzt geübte Verfahren, nach der sogenannten Volksaussprache noch einen Volksentscheid über die von der Volkskammer lediglich „bestätigte" Verfassungsvorlage zu veranstalten, ist um so bemerkenswerter, als die mitteldeutschen Machthaber von dieser bisher verfassungsrechtlich gegebenen Möglichkeit niemals Gebrauch gemacht haben. Seit 1949 sah die bisherige Verfassung der DDR in ihrem Art. 87 die Möglichkeit von Volksentscheiden und Volksbegehren über Gesetzesentwürfe und in Verbindung mit Art. 83 auch für Verfassungsänderungen vor, ohne daß allerdings das dazu notwendige Verfahrensgesetz erlassen worden wäre. 1951 und 1954 fanden lediglich Volksbefragungen ohne echte Alternativvorschläge über tagespolitische Fragen statt. Das am 26. März 1968 von der Volkskammer einstimmig angenommene Gesetz regelt, wie sein § 1 ausdrücklich besagt, nur das Verfahren des Volksentscheides über die neue Verfassung. Nach Art. 53 der neuen Verfassung kann die Volkskammer künftig lediglich die Durchführung von Volksabstimmungen beschließen. Der Volksentscheid vom 6. April 1968 mit der sehr kurzen Vorbereitungszeit von nur 10 Tagen ist also eine einmalige Angelegenheit gewesen.

Der Entschluß, diesen Volksentscheid abzuhalten, muß im Politbüro der SED jedenfalls sehr kurzfristig gefaßt worden sein. Vermutlich ist das erst nach Fertigstellung des endgültigen Verfassungstextes um den 20. März herum geschehen. In Art. 21 ist nämlich davon die Rede, daß die Bürger in Volksabstimmungen ihren Willen bekunden können, während es im Entwurf an dieser Stelle noch Volksentscheid hieß. Wäre zu diesem Zeitpunkt schon an einen Volksentscheid gedacht worden, dann wäre es ein leichtes gewesen, dem Volksentscheid vom 6. April 1968 den Charakter der Improvisation und Einmaligkeit zu nehmen. Man hätte es dann nämlich nur in Art. 21 bei der Entwurfsfassung belassen und

in Art. 53 das Wort Volksabstimmungen durch Volksentscheide ersetzen müssen.
Die Abweichung vom bisher üblichen Gesetzgebungsverfahren und die Eile, mit der die SED die neue Verfassung verabschieden ließ, weisen darauf hin, daß dafür besondere, aktuelle Gründe Anlaß gewesen sein müssen. Sie lassen sich unschwer erkennen, wenn bedacht wird, daß das Ulbricht-Regime – von Albanien abgesehen – das letzte Herrschaftssystem stalinistischer Prägung in Europa ist. Durch die Veränderungen der politischen Atmosphäre in der Tschechoslowakei ist der SED-Führung ein Entwicklungsprozeß deutlich geworden, der in den sozialistischen Staaten Ost-Mitteleuropas mehr und mehr um sich greift. Diesem Trend, der bei aller Differenzierung in den einzelnen Ländern jedenfalls von der stalinistischen Deformierung der sozialistischen Demokratie – wie es in Prag heute heißt – wegführt, sucht sich Ulbricht äußerlich anzupassen. Der Volksentscheid sollte also in erster Linie gegenüber der eigenen Bevölkerung und dem benachbarten sozialistischen Ausland den Anschein demokratischer Legitimation der neuen Verfassungsordnung erwecken. Als angenehme Nebenerscheinung wird sicherlich in Ost-Berlin erwartet, daß auch im westlichen und neutralen Ausland sowie in der Bundesrepublik mancher ungenügend Informierte dieses Verfahren als Zeichen echter Demokratisierung registriert. Das Bedürfnis der SED, ihre Diktatur stärker als bisher demokratisch zu bemänteln, ist jedenfalls ein erneuter Beweis für die Wirkungskraft freiheitlicher politischer Vorstellungen.
Die genaue Untersuchung der Entstehungsgeschichte der sozialistischen Verfassung der DDR läßt also erkennen, daß der gesamte Prozeß der Verfassungsgebung von den Führungsgremien der SED gesteuert worden ist. Das zeigen schon die wenigen bekanntgewordenen Anhaltspunkte, wie Ulbrichts Ankündigung auf dem VII. Parteitag und die knappen Mitteilungen über die einschlägigen Beratungspunkte auf den

Plenartagungen des Zentralkomitees der SED. Nicht die Bevölkerung oder auch nur die Gesamtheit der SED-Mitglieder, sondern allein die Parteiführung und die von ihr hinzugezogenen Experten hatten die Möglichkeit echter Beratung. Von keiner dieser der sogenannten Volksaussprache vorangegangenen Sitzungen ist ein Protokoll veröffentlicht worden, ja es ist noch nicht einmal bekannt, wie oft die Verfassungskommission der Volkskammer getagt hat. „Volksaussprache" und „Volksentscheid" bilden also nur die demokratische Fassade dieser kommunistischen Verfassungsgebung im anderen Teil Deutschlands.

Politische Grundsatzbestimmungen

Jede Verfassungsurkunde dient dazu, Regeln festzulegen, nach denen die politische Macht ausgeübt wird. Im freiheitlich-demokratischen Staat, wo sich verschiedene Parteien in regelmäßigen Abständen durch Wahlen darum bewerben, auf Zeit die politische Macht auszuüben, trifft die Verfassung Bestimmungen über einen geordneten Machtwechsel. Anders im kommunistisch regierten Staat. Dort gibt es keine Konkurrenz um die Macht. Diese liegt vielmehr stets bei der kommunistischen Partei, weil angeblich allein sie die geschichtlichen Notwendigkeiten erkennen und verwirklichen kann. In der Verfassung wird daher dieses Machtmonopol nur noch staatsrechtlich fixiert. Das ist jetzt in der sozialistischen Verfassung der DDR auch für Mitteldeutschland geschehen.

Bisher war die führende Rolle der SED in verschiedenen Gesetzen, nicht aber in der Verfassung selbst normiert. Jetzt ist die Herrschaft der „marxistisch-leninistischen Partei der Arbeiterklasse" als wichtigstes Strukturmerkmal sozialistischer Staatlichkeit in Art. 1 der sozialistischen Verfassung der DDR verankert worden. Juristisch bezeichnet man diese Schlüsselstellung der SED als Suprematie [1], weil die totalitäre Staatspartei sich durch ihre „wissenschaftliche Weltanschauung" als einzigartige Vereinigung begreift, die auf Grund ihrer marxistisch-leninistischen „Erkenntnisse" alle anderen Parteien und Organisationen sowie den „Staatsapparat" lenkt. Von diesem ideologisch motivierten Machtmonopol stand in der bisherigen Verfassung der DDR kein Wort, obwohl die Alleinherrschaft der SED spätestens seit 1950 unangefochten ist. Wenn jetzt an so hervorragender Stelle davon zu lesen ist, wird die Kluft zwischen dem Verfassungsrecht und der Verfassungswirklichkeit in diesem Punkt beseitigt.

[1] So zuerst Mampel, Die SED im materiellen Verfassungsrecht der SBZ, Recht in Ost und West 1963, S. 49–60 (51).

Unklar bleibt, wenn man allein den Text der neuen Verfassung betrachtet, das Verhältnis der SED zur Arbeiterklasse. Die Arbeiterklasse und „ihre marxistisch-leninistische Partei" werden nämlich in Art. 1 nebeneinander als führende Kräfte erwähnt. Da waren früher in der DDR erlassene Gesetze genauer. Auch in den sozialistischen Verfassungen der Tschechoslowakei und Rumäniens finden sich präzisere Formulierungen. So heißt es beispielsweise in Art. 4 der tschechoslowakischen Verfassung von 1960:

> „Die führende Kraft in der Gesellschaft und im Staat ist der Vortrupp der Arbeiterklasse, die Kommunistische Partei der Tschechoslowakei."

Daß die SED sich ebenfalls als Führungsgruppe der Arbeiterklasse betrachtet, zeigt ihr Parteistatut aus dem Jahre 1963:

> „Die Sozialistische Einheitspartei Deutschlands ist der bewußte und organisierte Vortrupp der deutschen Arbeiterklasse und des werktätigen Volkes."

Wenig später liest man:

> „Die Partei ist die führende Kraft aller Organisationen der Arbeiterklasse und der Werktätigen, der staatlichen und gesellschaftlichen Organisationen."

Erst wenn man das Parteistatut der SED heranzieht, werden also die augenblickliche Herrschaftsordnung in Mitteldeutschland und der verfassungsrechtlich dafür grundlegende Artikel 1 der neuen Verfassung voll verständlich.

Ebenfalls in Art. 1 wird die DDR als politische Organisation der Werktätigen in Stadt und Land bezeichnet. Da die SED ihr Staatsgebilde heute als Organisation der gesamten, von ihr geführten Bevölkerung ansieht, betrachtet sie, was Ulbricht ausdrücklich unterstrichen hat, praktisch jeden Bürger als Werktätigen[2]. Deshalb läuft der erste Satz des Art. 2 der

2 Vgl. Neues Deutschland 1. Februar 1968, S. 3. Verfassungsrechtlich ergibt sich das auch aus Art. 2 Abs. 2, wo vom „festen Bündnis der Arbeiterklasse mit der Klasse der Genossenschaftsbauern, den Angehörigen der Intelligenz und den anderen Schichten des Volkes" die Rede ist.

neuen Verfassung („Alle politische Macht in der DDR wird von den Werktätigen ausgeübt.“) auf die Formel des Art. 3 der bisherigen Verfassung („Alle Staatsgewalt geht vom Volke aus.“) hinaus. Dieser Satz von der Volkssouveränität bedeutet jedoch so lange keine Gefährdung des Machtmonopols der SED, als diese alleinige Vollstreckerin des von der Parteiführung „erkannten“ Volkswillens bleibt.

Die Existenz anderer Parteien neben der SED gefährdet das kommunistische Machtmonopol nicht. Abgesehen davon, daß die nichtkommunistischen Parteien und die sogenannten Massenorganisationen die führende Rolle der SED in ihren jetzigen Statuten und Satzungen ausdrücklich anerkennen, bedient sich die SED zur Steuerung des sogenannten sozialistischen Mehrparteiensystems heute der „Nationalen Front des demokratischen Deutschland“, in der nach Art. 3 der neuen Verfassung „das Bündnis aller Kräfte des Volkes seinen organisierten Ausdruck findet“.

In Art. 1 ist schließlich auch davon die Rede, daß die Werktätigen den Sozialismus verwirklichen. Damit sind Dynamik und Zielsetzung der kommunistischen Bewegung angesprochen, wenn auch das Endziel des Kommunismus als klassenloser Wohlstandsgesellschaft unter Beibehaltung des Machtmonopols der Parteiführung nicht ausdrücklich erwähnt wird.

Auch an anderen Stellen der neuen Verfassung finden sich programmatische Hinweise. Schon bei der Begründung des Entwurfs vor der Volkskammer hatte Ulbricht dazu erklärt:

> „Die neue Verfassung wird sich von der bisher gültigen dadurch unterscheiden, daß sie all jene Normen enthält, die darauf hinwirken, die schöpferischen Impulse der Bürger zu fördern, um das entwickelte gesellschaftliche System des Sozialismus in der DDR zu schaffen[3].“

Mit der Aufnahme von ideologisch bestimmten Programmsätzen in die neue Verfassung wird die bisherige Trennung

[3] Neues Deutschland 1. Februar 1968, S. 5.

zwischen dem SED-Programm als Wegweiser für die Zukunft und der Verfassungsurkunde als Teil der gegenwärtigen Rechtsverfassung zugunsten einer stärkeren gegenseitigen Bezogenheit aufgegeben. Aus Gründen der Rechtsklarheit ist das zu begrüßen, denn auf diese Weise wird die weltanschauliche Bindung aller öffentlichen Gewalt in Mitteldeutschland verfassungsrechtlich eindeutig offenbart.

Der totalitäre Charakter des SED-Regimes kommt in der neuen Verfassung deutlich zum Ausdruck. Mit diesem „Gesetz der Gesetze“ (Ulbricht) wird nicht nur das staatliche Leben geordnet, sondern zugleich soll damit die Gesellschaft in Mitteldeutschland staatsrechtlich „verfaßt“ werden. Diese dem Grundgesetz eines Staates mit pluralistischer Gesellschaftsordnung konträre Konzeption zeigt sich an verschiedenen Stellen der sozialistischen Verfassung der DDR. Schon die Überschrift des ersten Abschnitts spricht von den „Grundlagen der sozialistischen Gesellschafts- und Staatsordnung“. In Art. 2 Absatz 2 ist von der „Planung und Leitung der gesellschaftlichen Entwicklung“ die Rede. Die neue Verfassung zielt also auf Planung und Leitung möglichst aller gesellschaftlichen Regungen durch den „Staatsapparat“, weil dieser das wichtigste Instrument in den Händen der SED-Führung ist, mit dem sie ihre Zukunftsvorstellungen verwirklichen will. Im zweiten Abschnitt, der „Bürger und Gemeinschaften in der sozialistischen Gesellschaft“ (!) überschrieben ist, sind zwei Artikel den Gewerkschaften gewidmet. Darin werden nicht nur deren politische Funktionen verfassungsrechtlich geregelt, wie dies bei uns etwa Art. 21 des Grundgesetzes für die politischen Parteien tut, sondern alle Aufgaben des FDGB, die ihm die SED in ihrem Herrschaftssystem zuweist.

Im ersten Satz des ersten Artikels der neuen Verfassung heißt es, die DDR sei „ein sozialistischer Staat deutscher Nation“. Dies ist bemerkenswert, weil damit auch die SED-Führung den Fortbestand der deutschen Nation, den sie zeitweise in

Zweifel gezogen hatte[4], anerkennt. Sie nimmt allerdings, wie die Präambel der neuen Verfassung zeigt, die Bevölkerung Mitteldeutschlands als „Volk der DDR“ in Anspruch und spricht andererseits vom „Volk der westdeutschen Bundesrepublik“. Um ihrer Zweistaatentheorie die erforderliche Basis zu verschaffen, sprechen die SED-Machthaber also von zwei Staatsvölkern, in welche die deutsche Nation gegenwärtig zerfalle[5]. Wie konstruiert und künstlich diese Lösung wirkt, wird besonders deutlich, wenn man an ein Staatsvolk von West-Berlin denkt, dessen Zugehörigkeit zum Bundesgebiet die mitteldeutschen Kommunisten ja bekanntlich bestreiten. Diese Unterscheidung zwischen Volk und Nation ermöglicht es den SED-Führern, einerseits die Staatlichkeit der DDR zu betonen und andererseits sich jederzeit in die inneren Angelegenheiten der Bundesrepublik einzumischen.

Die Staatlichkeit der DDR ist fraglich, weil zwar das SED-Regime sein Staatsgebilde heute im Verhältnis zum Deutschen Reich als Neustaat auffaßt, die mitteldeutsche Bevölkerung aber bisher keine Gelegenheit hatte, sich frei zu äußern, ob sie überhaupt ein selbständiges Staatsvolk sein will. Sofern man von der Staatlichkeit der DDR ausgeht, taucht eine weitere Frage auf, die aber von der Frage nach der Staatsqualität der DDR deutlich zu unterscheiden ist, ob nämlich die DDR als ausländischer Staat, d. h. juristisch gesprochen als selbständiges Völkerrechtssubjekt, anzuerkennen ist. Die Problematik sei mit einem Beispiel aus dem Recht der Bundesrepublik erläutert. Als Bundesstaat besteht die Bundesrepublik Deutschland aus dem Bund als Gesamtstaat und den Ländern als Einzelstaaten. Die Länder nehmen jedoch nur in geringem Umfang und kraft bundesstaatlicher Kompetenzzuweisung am Verkehr mit ausländischen Staaten teil. Ihr

[4] Nachweise dafür bei Hacker, Das Selbstbestimmungsrecht aus der Sicht der „DDR“, in: Das Selbstbestimmungsrecht der Völker in Osteuropa und China, hrsg. von Boris Meissner, Köln 1968, S. 164–186 (180, 186).

[5] So in letzter Zeit z. B. Neubert, Die deutsche Wirklichkeit von heute, Neues Deutschland 28. Dezember 1967, S. 4.

Verhältnis untereinander und zum Bund ist staatsrechtlicher, nicht wie im Verhältnis zu internationalen Organisationen und ausländischen Staaten völkerrechtlicher Natur.
Selbst die SED-Führung betrachtet das Bundesgebiet nicht als Ausland[6], wie kürzlich noch die Korrektur einer Äußerung des SED-Politbüromitglieds Norden, die auf das Gegenteil schließen ließ, gezeigt hat[7]. Solange man aber das Verhältnis der beiden Teile Deutschlands zueinander nicht als das zwischen ausländischen Staaten ansieht, kann man logischerweise nicht, wie es die mitteldeutschen Machthaber tun, von der Bundesrepublik die Anerkennung der DDR als selbständiges Völkerrechtssubjekt verlangen. Die Beziehungen zwischen den beiden Regierungen in Deutschland müssen deshalb anderen als völkerrechtlichen Charakter haben. Bei beiderseitigem guten Willen wären dafür auch geeignete rechtliche Formen zu finden. Doch dagegen sträubt sich die SED-Führung im Augenblick noch.
Für sein Verhältnis zum Ausland hat das SED-Regime vor allem in den Art. 6–8 der neuen Verfassung außenpolitische Leitsätze niedergelegt. Darunter befinden sich deklamatorische Willensbekundungen wie diese:

> „Die Deutsche Demokratische Republik erstrebt ein System der kollektiven Sicherheit in Europa und eine stabile Friedensordnung in der Welt."

[6] So ausdrücklich: Neues Deutschland 20. Dezember 1967, S. 1: „Die DDR als die wahre Interessenvertreterin des deutschen Volkes betrachtet ... Westdeutschland ... nicht als Ausland." Auch die neue Verfassung bietet dafür einen, allerdings geringfügigen Hinweis. Art. 33 Abs. 1 gibt dem Bürger Anspruch auf Rechtsschutz durch DDR-Organe „bei Aufenthalt außerhalb der DDR". Im Entwurf hieß es an dieser Stelle noch: „bei Aufenthalt im Ausland".

[7] Norden sagte laut Neues Deutschland 19. Dezember 1967, S. 1: „Die These: ‚DDR kein Ausland für die Bundesrepublik' – ist also ein neues Kostüm für die verschärfte Annexionspolitik Bonns gegenüber dem sozialistischen deutschen Friedensstaat ... Warum die diskrete negative Umschreibung? Weil die Alternative sofort zeigen würde, was wirklich gemeint ist: ‚sondern Inland'." Dagegen hieß es in: Neues Deutschland 20. Dezember 1967, S. 1: „Versuche in Bonn, uns zu unterstellen, wir behandelten Westdeutschland als Ausland, sind grob demagogisch."

„Die Deutsche Demokratische Republik wird niemals einen Eroberungskrieg unternehmen oder ihre Streitkräfte gegen die Freiheit eines anderen Volkes einsetzen."

Diese Sätze sind für sich genommen ebenso wohlklingend wie nichtssagend angesichts der Erfahrungen, welche die Welt in den vergangenen Jahrzehnten nicht zuletzt in Europa und Deutschland mit kommunistischer Politik hat machen müssen. Die eigentliche Bestimmung des außenpolitischen Standorts, den Ulbricht durch seine Verfassung für die nächsten Jahrzehnte fixiert sehen will, findet sich in Art. 6 Absatz 2:

„Die Deutsche Demokratische Republik pflegt und entwickelt entsprechend den Prinzipien des sozialistischen Internationalismus die allseitige Zusammenarbeit und Freundschaft mit der Union der Sozialistischen Sowjetrepubliken und den anderen sozialistischen Staaten."

Eine ähnliche Formulierung enthält nur noch die tschechoslowakische Verfassung von 1960[8]. In keiner der anderen sozialistischen Verfassungen Europas findet sich aber ein Satz wie dieser in Art. 7 Absatz 2:

„Die Nationale Volksarmee pflegt im Interesse der Wahrung des Friedens und der Sicherung des sozialistischen Staates enge Waffenbrüderschaft mit den Armeen der Sowjetunion und anderer sozialistischer Staaten."

Wenn dabei von der „Sicherung des sozialistischen Staates" durch das militärische Bündnis mit der Sowjetunion gesprochen wird, klingt an, daß die Macht der sich heute so selbstsicher gebenden SED nach wie vor auf der Anwesenheit sowjetischer Truppen in Deutschland beruht. Die zitierten Sätze bedeuten, daß die politischen, wirtschaftlichen und militärischen Bindungen Mitteldeutschlands an die Sowjetunion nach den Vorstellungen der gegenwärtigen Machthaber künftig auch verfassungsrechtlich verankert sein sollen. Juristisch gesehen liegt in einer derart massiven Einengung des außen-

8 Art. 1 Abs. 3 in Verbindung mit Art. 14 Abs. 2.

politischen Spielraums eine Souveränitätsbeschränkung zugunsten der Hegemonialmacht Sowjetunion.
Entgegen der geschichtlichen Wahrheit wird in der Präambel der neuen Verfassung dem „Imperialismus unter Führung der USA“ die Schuld an der Spaltung Deutschlands zugeschoben. Diese Polemik gegen einen anderen Staat dürfte im modernen Konstitutionalismus einmalig sein. Zusammen mit den Bindungsklauseln an die Sowjetunion ergibt sich daraus, daß die Schöpfer dieser Verfassung den gegenwärtigen Ost-West-Gegensatz staatsrechtlich und dauerhaft zementieren wollten.
Politische Situationen und besonders außenpolitische Konstellationen ändern sich rasch. Die dem modernen Staatensystem innewohnende Dynamik wird zu einem nicht geringen Teil vom Gegensatz zwischen den reichen Industrienationen und den Entwicklungsländern gespeist. Schon heute zeichnet sich neben dem Ost-West-Konflikt der Gegensatz zwischen Nord und Süd rund um den Erdball ab. Mit Formeln wie der vom sozialistischen Internationalismus und der friedlichen Koexistenz allein läßt sich dagegen kaum etwas ausrichten.
Der Grundsatz des sozialistischen Internationalismus wird überdies heute in den verschiedenen kommunistisch regierten Staaten durchaus unterschiedlich interpretiert. Wie einseitig im Sinne einer Bindung an die Sowjetunion ihn die SED auffaßt, wird erst bei einem Vergleich mit den entsprechenden Bestimmungen anderer sozialistischer Verfassungen, die in den letzten Jahren in Europa erlassen worden sind, deutlich. Weder in der jugoslawischen Verfassung von 1963 noch in der Rumäniens aus dem Jahre 1965 wird die Sowjetunion überhaupt erwähnt. Die SED-Machthaber dagegen haben ihre enge Bindung an die sowjetische Politik jetzt auch verfassungsrechtlich bestätigt.

Die Wirtschaftsordnung

Die Grundsatzbestimmungen der neuen DDR-Verfassung über die Wirtschaftsordnung sind großenteils eng an das sowjetische Vorbild angelehnt, obwohl die 1936 verabschiedete Verfassung der UdSSR heute bereits über 30 Jahre alt ist.

In der bisherigen Verfassung der DDR aus dem Jahre 1949 fand sich ein eigener Abschnitt zur Wirtschaftsordnung, der stark gemeinwirtschaftliche Züge trug, auch den staatlichen Wirtschaftsplan und das Volkseigentum – allerdings nur als eine Eigentumsart unter anderen – erwähnte, aber die Funktionen beider als konstituierende Elemente einer kommunistischen Wirtschaftsordnung auf deutschem Boden noch nicht ohne weiteres erkennen ließ. Die bisherige Verfassung enthielt also lediglich Einbruchstellen kommunistischen Rechtsdenkens zur Wirtschaftsordnung, ohne die Gesamtkonzeption zu übernehmen. Die wesentlichen Teile des heute in Mitteldeutschland geltenden Wirtschaftsverfassungsrechts sind erst nach 1949 durch eine Vielzahl einfacher Gesetze und Verordnungen hinzugetreten.

Die Ausführlichkeit der Bestimmungen über die Wirtschafts- und Eigentumsordnung in der neuen Verfassung wird verständlich, wenn man sich vergegenwärtigt, daß das marxistisch-leninistische Geschichtsverständnis wesentlich ökonomisch bestimmt ist. Im Gegensatz zu freiheitlich-demokratischen Verfassungen, die in ihren wirtschaftsverfassungsrechtlichen Regelungen häufig zurückhaltend sind, man denke nur an das Grundgesetz, findet man in den Verfassungen kommunistisch regierter Staaten die grundlegenden Normen zur Wirtschaftsordnung an hervorragender Stelle.

Die neue Verfassung kennzeichnet in Art. 9 das sozialistische Wirtschaftssystem der DDR dahin, daß es auf dem sozialistischen Eigentum an den Produktionsmitteln beruhe und sich gemäß den ökonomischen Gesetzen des Sozialismus auf der Grundlage der sozialistischen Produktionsverhältnisse entwickele. Die Volkswirtschaft in der DDR diene in erster Linie der Stärkung der sozialistischen Ordnung. Der Staat organisiere Planung und Leitung des gesamten Wirtschaftslebens, es handele sich daher um sozialistische Planwirtschaft. Auffällig ist das konservative wirtschaftspolitische Grundverständnis, das aus diesen Formulierungen spricht. Längst hat die moderne Erfahrung und Theorie beispielsweise gezeigt, daß nicht erst die Eigentümerstellung, sondern schon die Möglichkeit, über fremdes Eigentum zu verfügen, wirtschaftliche Macht verleiht und deshalb sozial verpflichtet. Das Bemühen um eine wirksame Kontrolle der Manager ist neben der Sorge um ein gleichgewichtiges Wachstum der Volkswirtschaft und eine optimale Einkommensverteilung zwischen den verschiedenen Bevölkerungsschichten Kriterium vorausschauender moderner Wirtschafts- und Sozialpolitik. Von alledem liest man aber in der neuen Verfassung nichts. Statt dessen wird eine Autonomie des wirtschaftlichen Geschehens verfassungsrechtlich abgelehnt. Die Wirtschaft der DDR ist staatliche Angelegenheit und wird entsprechend der politischen Generallinie der SED betrieben. Waren und Dienstleistungen werden überwiegend in Staatsbetrieben produziert. Diese Einstellung und Verhaltensweise läßt sich am ehesten als merkantilistisch kennzeichnen.

Besonders ausführlich ist in den Art. 10–16 der neuen Verfassung die Eigentumsordnung geregelt worden [1]. Man unterscheidet dabei in Mitteldeutschland drei Formen sozialistischen Eigentums. Die wichtigste ist das Staatseigentum, das als „gesamtgesellschaftliches Volkseigentum“ bezeichnet wird. Erklärlich ist dieses Ausweichen vor einer exakten Bezeichnung nur deshalb, weil sich ein qualitativer Unterschied

1 Näheres zur kommunistischen Eigentumslehre bei Wiedemann, Das sozialistische Eigentum in Mitteldeutschland, Köln 1964, und Pfaff, Das sozialistische Eigentum in der Sowjetunion, Köln 1965.

zwischen Staatseigentum in demokratischen und kommunistisch regierten Staaten schwer konstruieren läßt. Art. 12 zählt auf, welche Gegenstände Volkseigentum sind, so daß privates Eigentum an ihnen unzulässig ist. Diese Verfassungsnorm stellt das Volkseigentum außerhalb des Rechtsverkehrs. Volkseigentum kann lediglich Genossenschaften oder gesellschaftlichen Organisationen zur Nutzung und Bewirtschaftung übertragen werden. In Konsequenz der Auffassung, daß das sozialistische Eigentum die wirtschaftliche Basis des SED-Regimes bildet, ist damit die bisher noch verfassungsrechtlich bestehende Möglichkeit, daß die zuständige Volksvertretung mit qualifizierter Mehrheit der Veräußerung von Volkseigentum zustimmen kann [2], weggefallen.

Die beiden anderen Formen sozialistischen Eigentums sind das genossenschaftliche Eigentum – hauptsächlich der Landwirtschaftlichen Produktionsgenossenschaften – und das Eigentum gesellschaftlicher Organisationen – vor allem der SED, der übrigen Parteien und der sog. Massenorganisationen.

Enteignungen sind nach Art. 16 künftig nur noch gegen angemessene Entschädigung zulässig, wenn auf andere Weise der angestrebte gemeinnützige Zweck nicht erreicht werden kann. Die damit eingeführte generelle Entschädigungspflicht für künftige Enteignungen verbessert den bisherigen Rechtszustand, wonach angemessene Entschädigung nur zu leisten war, soweit das Gesetz nichts anderes bestimmte. Nachdem der gewaltsame Umschichtungsprozeß wirtschaftlich bedeutsamen Eigentums mit der Zwangskollektivierung der mitteldeutschen Landwirtschaft 1960 im wesentlichen abgeschlossen ist, kann sich das SED-Regime heute in diesem Punkt großzügig zeigen.

Den verschiedenen Formen kollektiven sozialistischen Eigentums stellt die Verfassung zwei Formen individuellen Eigentums gegenüber, das private und das persönliche Eigentum.

2 Art. 22 Abs. 4 der bisherigen Verfassung.

Beide dürfen niemals den Interessen der Gesellschaft, d. h. der SED-Führung, hinderlich sein [3]. Unter Privateigentum werden die noch in privater Hand befindlichen geringen Reste wirtschaftlich nutzbaren Eigentums verstanden, die in Zukunft auf dem Wege staatlicher Beteiligung ebenfalls in Gemeineigentum zu überführen sind. Art. 14 Abs. 2 läßt den aus kommunistischer Sicht vorübergehenden Charakter privater Wirtschaftsunternehmen und -einrichtungen erkennen. Das persönliche Eigentum, die einzige, ideologisch gesehen dauerhafte Form individuellen Eigentums, dient, wie es in Art. 11 heißt, „der Befriedigung der materiellen und kulturellen Bedürfnisse der Bürger". Es umfaßt nur bestimmte Gegenstände des persönlichen Bedarfs bis hin zu einem Wohnhaus. Diese Grenzlinie ist in der Verfassung nicht ausdrücklich gezogen, doch läßt sie sich aus der Gesetzgebung und Praxis erkennen.

Es fällt auf, daß der Eigentumsordnung als dem statischen Bestandteil der kommunistischen Wirtschaftsverfassung so breiter Raum gegeben wird, hingegen das wirtschaftspolitische Lenkungsinstrumentarium nur kurz und nicht gerade präzis angesprochen wird. Die Aussage in Art. 9 Abs. 3, daß die zentrale staatliche Planung und Leitung der Grundfragen mit der Eigenverantwortung der Produktionsbetriebe verbunden sei, ist so allgemein, daß sie jede künftige Ausgestaltung der Wirtschaftsordnung selbst durch Hinzunahme weiterer marktwirtschaftlicher Elemente und deren Vervollständigung bis zum jugoslawischen Modell einer sozialistischen Marktwirtschaft deckt. Auch läßt sich noch nicht übersehen, ob und wie der Satz in Art. 41, daß Eingriffe in betriebliche Rechte nur auf der Grundlage von Gesetzen erfolgen können, das augenblickliche Leitungssystem der mitteldeutschen Wirtschaft beeinflussen wird. Eine klare Abgrenzung der Zuständigkeiten

[3] Vgl. die entsprechenden Klauseln in Art. 11 Abs. 3 und Art. 14 Abs. 1, die über eine bloße Sozialbindung des Eigentums hinausgehen.

zwischen zentralen Stellen und Betrieben steht jedenfalls noch aus. In der Unbestimmtheit und Elastizität dieser Formulierungen dürfte gerade deren Stärke liegen. Eine genauere Festlegung war schon deshalb nicht angebracht, weil weder in der Sowjetunion noch in den anderen kommunistisch regierten Staaten diese Fragen eine Klärung gefunden haben, sondern überall noch experimentiert wird.

In den Art. 44 und 45 geht die Verfassung auf die Gewerkschaften und ihre Rechte ein[4]. Die Situation zwischen den Sozialpartnern ist in Mitteldeutschland bekanntlich nicht durch das Bemühen um einen Interessenausgleich zwischen einer Vielzahl von Arbeitgebern und Arbeitnehmern – beide in Verbänden zusammengeschlossen – gekennzeichnet. Da der größte Teil der Unternehmen verstaatlicht ist, gibt es im wesentlichen nur den Staat als Arbeitgeber. Andererseits bildet seit 1945 der Freie Deutsche Gewerkschaftsbund (FDGB) die einzige Gewerkschaftsorganisation in Mitteldeutschland. Da der FDGB die „Klassenorganisation der Arbeiterklasse" ist und der Staat von der „Partei der Arbeiterklasse" geführt wird, können die Gewerkschaften keine Ziele verfolgen, die sich von denen des Staats unterscheiden. Sie sind somit keine Organisationen zur wirksamen Vertretung der Arbeitnehmerinteressen, sondern Hilfsorgane des staatlichen Arbeitgebers und unterstützen dessen auf Steigerung der Arbeitsproduktivität gerichtetes Bemühen. Trotzdem bleibt nach kommunistischer Auffassung der FDGB weiterhin eine Interessenvertretung der Arbeitnehmer. Die Interessen des staatlichen Arbeitgebers seien nämlich mit denen der Arbeitnehmer identisch, da sich die Produktionsmittel im Eigentum des Volkes befänden. Durch diese Fiktion von der Interessenidentität, die jetzt sogar in Art. 2 Absatz 4 der neuen Verfassung zu finden ist, wird das in jeder Sozialordnung unabhängig von

4 Für weitere Einzelheiten dieses Fragenkreises vgl. Müller-Römer, Ulbrichts gesamtdeutsches Modell, Sozial- und wirtschaftspolitische Aspekte des DDR-Verfassungsentwurfs, der arbeitgeber 1968, S. 114–118.

der Gestaltung der Eigentumsordnung bestehende Spannungsverhältnis zwischen Arbeitgebern und Arbeitnehmern als spezifische Erscheinung der sog. kapitalistischen Gesellschaft hingestellt und negiert. Individuelle Interessen seiner Mitglieder kann der FDGB also nur wahrnehmen, sofern diese nicht den Interessen des SED-Regimes zuwiderlaufen.
Die Ablehnung des Streiks als für die sozialistische Ordnung unzeitgemäßes Mittel zur Durchsetzung von Arbeitnehmerforderungen wird von den mitteldeutschen Kommunisten meist mit einem Hinweis auf die angeblich umfassenden betrieblichen Mitbestimmungsbefugnisse der Arbeitnehmer in der DDR gerechtfertigt. Nach Art. 42 der Verfassung „wirken die Werktätigen unmittelbar und mit Hilfe ihrer gewählten Organe an der Leitung mit". Die aus Arbeitnehmern gebildeten Gremien verschiedener Art, die Art. 44 erwähnt, stellen keine Formen echter betrieblicher Mitbestimmung dar, sondern haben nur die Aufgabe, den Betriebsplan erfüllen zu helfen. Insbesondere verfügen die seit 1963 gebildeten Produktionskomitees über keine Entscheidungs- und Weisungsbefugnisse, sondern sind lediglich „ein beratendes Organ für den Werkdirektor" [5]. Ihre Vorschläge sind deshalb „rechtlich als kollektive, rechenschaftspflichtige Empfehlungen zu definieren" [6]. Auch die betrieblichen Gewerkschaftsleitungen des FDGB haben nach § 12 des Gesetzbuches der Arbeit die Aufgabe, die Mitwirkung aller Betriebsangehörigen bei der Ausarbeitung und Erfüllung der Pläne zu organisieren. Die Arbeitnehmer haben also in wirtschaftlichen Angelegenheiten ein bloßes Recht auf Gehör, nicht aber ein Recht auf Mitbestimmung.

[5] Tippmann, Die Bildung der Produktionskomitees in Großbetrieben – ein wichtiger Bestandteil der Entwicklung der sozialistischen Demokratie, Staat und Recht 1964, S. 474–488 (485).

[6] Ebenda, S. 484.

Die Machtorgane

In ihren organisationsrechtlichen Bestimmungen bringt die sozialistische Verfassung der DDR wenig Neues. Die bereits geschilderte, seit 1949 außerhalb der geschriebenen Verfassung geschaffene Organisation der öffentlichen Gewalt in Mitteldeutschland ist jetzt in die formelle Verfassungsurkunde übernommen worden. Bedeutsam ist, daß damit die beiden Organisationsprinzipien eines kommunistisch regierten Staates in der Verfassung der DDR enthalten sind.

In der Verfassung von 1949 hatte lediglich das Prinzip der Gewaltenvereinigung Ausdruck gefunden. Artikel 50 der bisherigen Verfassung erklärte die Volkskammer zum „höchsten Organ der Republik", von dem alle anderen zentralen Staatsorgane abhängig seien. In ähnlicher Weise wird jetzt die Volkskammer wiederum als „das oberste staatliche Machtorgan" bezeichnet (Art. 48). Außerdem wird das Prinzip der Gewaltenkonzentration für die Tätigkeit der Volkskammer als „Grundsatz der Einheit von Beschlußfassung und Durchführung" in Art. 48 Abs. 2 angesprochen. Der Gewaltenvereinigungsgrundsatz verhindert eine Aufteilung der Macht im Staat auf verschiedene, prinzipiell getrennte Gewalten, die gleichberechtigt nebeneinanderstehen und sich so gegenseitig ausbalancieren und kontrollieren sollen. Dies wird in unserer Verfassungsordnung beispielsweise durch das Nebeneinander des Parlaments als Gesetzgeber, der mit der vollziehenden Gewalt betrauten Regierung und Verwaltung sowie der Rechtsprechung durch unabhängige Gerichte angestrebt. Im System der einheitlichen Staatsgewalt der DDR findet dagegen lediglich eine Verteilung der unterschiedlichen öffentlichen Aufgaben auf verschiedene Staatsorgane nach Zweckmäßigkeitsgesichtspunkten statt. Das führt etwa dazu, daß der Staatsrat gesetzgeberische, vollziehende und gewisse rechtsprechende Befugnisse in sich vereinigt.

Neu in die Verfassung aufgenommen ist der zweite Organisationsgrundsatz sozialistischer Staatlichkeit. In Art. 47 wird der sogenannte demokratische Zentralismus ausdrücklich als „das tragende Prinzip des Staatsaufbaus“ erwähnt. Er bewirkt die strikte Unterordnung aller anderen Staatsorgane unter die Volkskammer bzw. den Staatsrat, weil die unteren Organe stets und unbedingt die Anordnungen der höheren Organe zu befolgen haben. Verhindert der Gewaltenvereinigungsgrundsatz eine prinzipielle Trennung verschiedener Gewalten auf horizontaler Ebene, so wird der Möglichkeit vertikaler Gewaltenteilung, wie wir sie etwa in Gestalt der ausschließlichen Zuständigkeit der Bundesländer für bestimmte Aufgabenbereiche und der kommunalen Selbstverwaltung kennen, in der DDR durch das Prinzip des sogenannten demokratischen Zentralismus ein Riegel vorgeschoben. Beide Grundsätze zusammen bewirken also, daß die staatliche Gewalt lückenlos in der Spitze konzentriert ist.

Die Volkskammer ist nach Art. 48 das einzige verfassungs- und gesetzgebende Organ. Sie bestimme, so besagt Art. 49, „endgültig und für jedermann verbindlich die Ziele der Entwicklung“. Formell ist also auch nach der neuen Verfassung die Volkskammer „das oberste staatliche Machtorgan“, aber „der Staatsrat erfüllt als Organ der Volkskammer zwischen den Tagungen der Volkskammer alle grundsätzlichen Aufgaben, die sich aus den Gesetzen und Beschlüssen der Volkskammer ergeben“ (Art. 66). Da die Volkskammer während ihrer Wahlperiode nicht ständig tagt, sondern von Fall zu Fall einberufen wird, nahmen bis 1960 ihr Präsidium und einige ständige Ausschüsse zwischen den Tagungen die Aufgaben des Plenums wahr. Das Präsidium der Volkskammer ist heute ein reines Tagungspräsidium (Art. 55). Auch ständige Ausschüsse sieht die Geschäftsordnung der Volkskammer nicht mehr vor. Nicht das Präsidium der Volkskammer, sondern der Staatsrat beruft die Tagungen der Volkskammer ein, behandelt Vorlagen an die Volkskammer und veranlaßt ihre Beratung in den Ausschüssen der Volkskammer (Art. 70). Materiell betrachtet ist also der Staatsrat wichtigstes und machtvollstes Organ. Er und nicht die Volkskammer, wie es in Art. 48 heißt, „entscheidet über die Grundfragen der Staatspolitik", soweit nicht die sowjetische Besatzungsmacht oder das Politbüro der SED Regierungsfunktionen wahrnehmen. In diesem doppelt eingeschränkten Sinne liegt die höchste politische Gewalt beim Staatsrat. Diese beschränkt sich allerdings nicht auf Regierungsfunktionen, sondern umfaßt ganz im Sinne des Prinzips der Gewaltenvereinigung nach Art. 70 auch Befugnisse der Gesetzgebung (Erlasse und Beschlüsse) und der Rechtsprechung (verbindliche Auslegung der Verfassung und der Gesetze). Der Ministerrat hat zwar gleichfalls gesetzgeberische Befugnisse, denn er kann Verordnungen erlassen und Beschlüsse fassen (Art. 79 Abs. 1), die eigentlichen Regierungsbefugnisse sind ihm jedoch genommen. Statt dessen ist er unter dem Staatsrat die oberste Verwaltungsspitze mit vorwiegend wirtschaftsleitenden Aufgaben. Insoweit ähnelt seine Stellung schon seit einigen Jahren stark der Deutschen Wirtschaftskommission, die von 1947 bis 1949 unter der sowjetischen Besatzungsmacht die deutsche Verwaltungsspitze für die SBZ bildete. Nach Art. 78 Abs. 2 der neuen Verfassung gehört es zu den Aufgaben des Ministerrates, wissenschaftlich begründete Prognosen auszuarbeiten, die Gestaltung des ökonomischen Systems des Sozialismus zu organisieren und die planmäßige Entwicklung der Volkswirtschaft zu leiten. Der Staatsrat faßt auch grundsätzliche Beschlüsse zu Fragen der Verteidigung und Sicherheit. Mit Hilfe des Nationalen Verteidigungsrates organisiert er die Landesverteidigung (Art. 73 Abs. 1). Ähnlich wie der Ministerrat auf wirtschaftlichem Gebiet ist der Nationale Verteidigungsrat unter dem Staatsrat ein spezielles Organ für Verteidigungs- und Sicherheitsfragen, dessen Bedeutung allerdings dadurch unterstrichen wird, daß Ulbricht den Vorsitz innehat.

Das Herrschaftssystem in der DDR

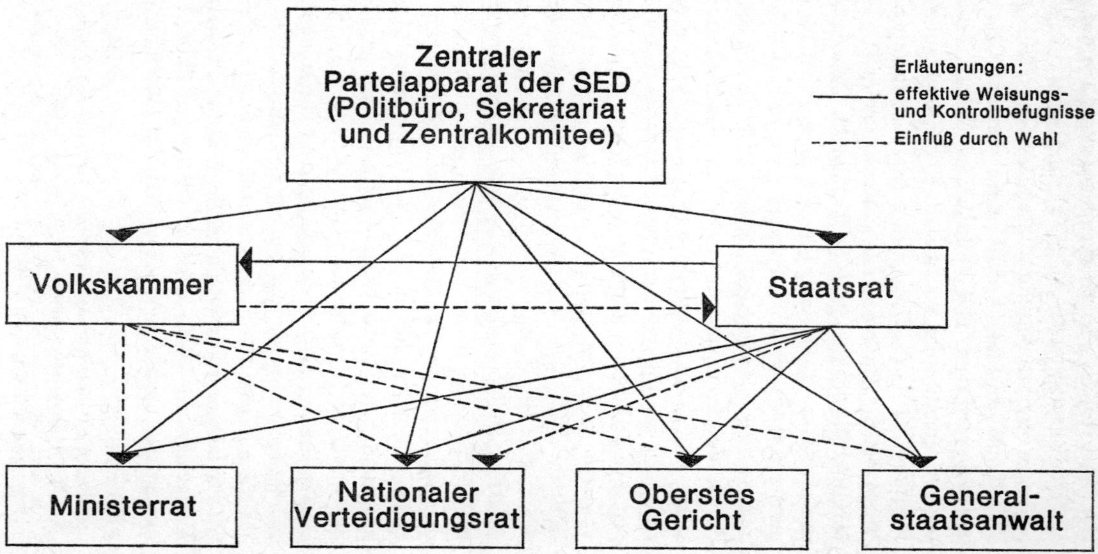

Die Abhängigkeit aller anderen Staatsorgane von der Volkskammer bzw. zwischen deren Tagungen vom Staatsrat wird im neuen Verfassungsrecht konsequent verwirklicht, weil sie den kommunistischen Vorstellungen von der Gewaltenvereinigung entspricht. Die Volkskammer wählt deshalb nicht nur den Vorsitzenden und die Mitglieder des Staatsrates, den Vorsitzenden und die Mitglieder des Ministerrates und den Vorsitzenden des Nationalen Verteidigungsrates, sondern auch den Präsidenten und die Richter des Obersten Gerichts und den Generalstaatsanwalt. Alle diese Personen kann sie auch jederzeit wieder abberufen (Art. 50). Die Leiter der anderen zentralen Organe werden durch den Staatsrat oder dessen Vorsitzenden ernannt. Die örtlichen Organe unterstehen entsprechend dem Prinzip des sogenannten demokratischen Zentralismus wie schon bisher jeweils zentralen Organen. Die örtlichen Volksvertretungen unterstehen bereits seit 1961 der Anleitung und Aufsicht durch den Staatsrat[1]. Die Ministerien besitzen teilweise – wie z. B. Militär, Polizei, Staatssicherheitsdienst, Bahn und Post – eigene nachgeordnete Fachbehörden. Soweit die Zentralverwaltungen keinen eigenen Behördenunterbau haben, bestehen Fachabteilungen der örtlichen Räte. Für die Anleitung und Kontrolle der Bezirks- und Kreisräte ist seit 1964 ein eigenes Ministerium zuständig. Das Oberste Gericht, das seinerseits gemäß Art. 74 der ständigen Aufsicht des Staatsrats unterliegt, „leitet die Rechtsprechung der Gerichte und sichert die einheitliche und richtige Gesetzesanwendung durch die Gerichte“[2].

Da die politische Macht im sozialistischen Staat ein für allemal bei der kommunistischen Partei liegt, kennt die sozialistische Verfassung der DDR keine Bestimmungen über das parlamentarische System. Wahlen entscheiden nicht über Verbleib

1 Vgl. das Gesetz über die Rechte und Pflichten der Volkskammer gegenüber den örtlichen Volksvertretungen vom 17. 1. 1957 (GBl I, S. 72) in Verbindung mit dem Änderungsgesetz vom 20. 9. 1961 (GBl I, S. 178).

2 § 11 Abs. 2 des Gesetzes über die Verfassung der Gerichte der DDR vom 17. 4. 1963 (GBl I, S. 45).

oder Wechsel der Macht zwischen verschiedenen Parteien. Sie sind vielmehr nur „auf die Erhaltung und Sicherung der bestehenden Machtverhältnisse gerichtet“ [3]. Eine Oppositionspartei, die sich als Alternative zu einer SED-geführten Regierungskoalition anböte, gibt es in der Volkskammer nicht. Alle Parteien sind im sogenannten Block der demokratischen Parteien und Massenorganisationen unter Führung der SED zusammengeschlossen und damit an der Regierungsverantwortung beteiligt. Niemand hat die Freiheit, eine parlamentarische oder außerparlamentarische Opposition zu organisieren. Jede Diskussion auch nur über die Möglichkeit einer sozialistischen Oppositionspartei, wie sie gelegentlich in Jugoslawien oder der Tschechoslowakei geführt wird, hat kürzlich noch der mitteldeutsche Fernsehkommentator Karl-Eduard von Schnitzler mit der Bemerkung abzutun versucht, mit der Opposition setze man sich in der DDR nicht im Parlament, sondern vor den Gerichten auseinander. Angesichts dieser Umstände ist es nicht mehr verwunderlich, daß die Verfassung es zu den Aufgaben der Abgeordneten zählt, den Bürgern die Politik des sozialistischen Staates zu erläutern (Art. 56 Abs. 4). Kaum eine andere Bestimmung zeigt deutlicher, wie machtlos die Volkskammer ist.

In der mitteldeutschen Presse ist in polemischer Weise behauptet worden, beide deutsche Staaten erhielten 18 Jahre nach der ersten Verfassungsgebung neue Grundgesetze, die DDR eine sozialistische Verfassung und die Bundesrepublik Deutschland eine Notstandsverfassung [4]. Untersucht man die neue Verfassung der DDR darauf, wie in ihr Vorsorge für Krisenzeiten getroffen wird, ist das Ergebnis mager. Allgemeine Notstandsregeln finden sich überhaupt nicht. Lediglich für den Verteidigungsfall sieht Art. 52 vor, daß die Volkskammer

3 Unger, Die Rolle der Wahlen in der DDR für die weitere Festigung und Entwicklung der sozialistischen Staatsorgane und für die sozialistische Bewußtseinsbildung der Werktätigen, Staat und Recht 1958, S. 953–962 (955).

4 So Stern, Die Zeit ist reif, Neues Deutschland 3. Dezember 1967, S. 1.

über den Verteidigungszustand beschließt. Im Dringlichkeitsfall ist allerdings der Staatsrat berechtigt, den Verteidigungszustand zu beschließen. Kriterien dafür, wann eine Situation dringlich ist, so daß der Staatsrat berechtigt wäre, an Stelle der Volkskammer zu handeln, sind nicht genannt. Im Verteidigungszustand kann der Staatsrat „die Rechte der Bürger und die Rechtspflege in Übereinstimmung mit den Erfordernissen der Verteidigung abweichend von der Verfassung regeln“ [5]. An dieser Regelung ist zweierlei bemerkenswert. Der Staatsrat als Organ, das im Dringlichkeitsfall das Vorliegen der Voraussetzungen des Verteidigungszustandes beschließt, ist zugleich das Organ, welches im Verteidigungszustand umfassende Befugnisse erhält. Diese sind derart weitgehend, daß alle Grundrechte der Bürger ohne Kontrolle durch ein anderes Staatsorgan für beliebig lange Zeit aufgehoben werden können. Der Staatsrat kann also unter Benutzung dehnbarer Generalklauseln die ganze Staatsgewalt an sich ziehen. Die Volkskammer ist dabei praktisch ausgeschaltet. Auch besteht keinerlei gerichtliche Kontrolle oder zeitliche Beschränkung des Verteidigungszustandes. Es braucht nicht betont zu werden, daß diese Regelung aus rechtsstaatlicher Sicht völlig unzureichend ist.

[5] § 4 Abs. 2 des Gesetzes zur Verteidigung der DDR vom 20. 9. 1961 (GBl I, S. 175).

Sozialistische Rechtspflege

Die Rechtsprechung ist, wie es den beiden genannten Organisationsgrundsätzen des sozialistischen Staates entspricht, in der DDR nicht einer unabhängigen dritten Gewalt anvertraut, sondern an ihrer Spitze dem Staatsrat als dem effektiv höchsten Machtorgan unterstellt und nach unten hierarchisch geordnet.

Rechtsprechung üben in Mitteldeutschland staatliche und gesellschaftliche Gerichte aus (Art. 92). Oberstes Gericht, Bezirksgerichte und Kreisgerichte bilden die ordentliche Gerichtsbarkeit, der die Rechtsprechung in Straf-, Zivil-, Familien- und Arbeitsrechtssachen obliegt[1]. Anfang der sechziger Jahre wurde fast gleichzeitig die bis dahin organisatorisch selbständige Arbeitsgerichtsbarkeit in die ordentliche Gerichtsbarkeit eingegliedert und eine besondere Militärgerichtsbarkeit neu geschaffen, die nur in der Spitze beim Obersten Gericht mit der ordentlichen Gerichtsbarkeit zusammenläuft. Das Kollegium für Militärstrafsachen beim Obersten Gericht, die Militärobergerichte und die Militärgerichte, sind nicht nur für Straftaten von Soldaten zuständig, sondern auch für Straftaten, die sich gegen die militärische Sicherheit richten[2]. Gesellschaftliche Gerichte sind die Konflikt- und Schiedskommissionen. Konfliktkommissionen bestehen in volkseigenen und halbstaatlichen Betrieben sowie in den Verwaltungen[3], Schiedskommissionen in Gemeinden, Städten, Landwirtschaftlichen Produktionsgenossenschaften, Produktions-

1 Die Einzelheiten regelt heute das Gesetz über die Verfassung der Gerichte der DDR (Gerichtsverfassungsgesetz) vom 17. 4. 1967 (GBl I, S. 45).

2 § 4 des Erlasses des Staatsrates der DDR über die Stellung und die Aufgaben der Gerichte für Militärstrafsachen (Militärgerichtsordnung) vom 4. 4. 1963 (GBl I, S. 71).

3 Gesetzliche Grundlage für ihre Tätigkeit ist heute die Verordnung über die Konfliktkommissionen vom 17. 4. 1963 (GBl II, S. 237), mit der die Richtlinie über die Wahl und die Arbeitsweise der Konfliktkommissionen bestätigt wurde, die der FDGB-Bundesvorstand am 30. 3. 1963 erlassen hatte.

genossenschaften des Handwerks und privaten Betrieben[4]. Heute werden kleinere Strafsachen und zivilrechtliche Streitigkeiten, „deren Behandlung durch gesellschaftliche Organe geeignet ist, die Bürger zur Einhaltung der sozialistischen Gesetzlichkeit und zur Wahrung der Grundsätze des sozialistischen Gemeinschaftslebens zu erziehen", von den Konflikt- und Schiedskommissionen beraten und entschieden[5]. Die Konfliktkommissionen behandeln außerdem kleinere arbeits- und sozialversicherungsrechtliche Streitigkeiten.

Höchstes Organ der Rechtsprechung ist das Oberste Gericht. Es ist der Volkskammer und zwischen ihren Tagungen dem Staatsrat verantwortlich (Art. 93). Die Volkskammer bestimmt zwar nach Art. 49 Abs. 3 die Grundsätze der Tätigkeit des Obersten Gerichts, aber in ihrem Auftrag nimmt der Staatsrat „die ständige Aufsicht über die Verfassungsmäßigkeit und Gesetzlichkeit der Tätigkeit des Obersten Gerichts wahr" (Art. 74). Dementsprechend hat das Oberste Gericht dem Staatsrat regelmäßig über die Entwicklung der Rechtsprechung zu berichten[6]. Der Staatsrat kann dem Obersten Gericht den Erlaß von Richtlinien und Beschlüssen mit verbindlicher Wirkung für alle Gerichte empfehlen[7]. Diese Befugnisse berechtigen dazu, im Staatsrat den obersten Gerichtsherrn der DDR zu sehen.

Das Oberste Gericht leitet die Rechtsprechung der Gerichte und sichert die einheitliche Rechtsanwendung durch alle Gerichte (Art. 93 Abs. 2). Für die Gerichte untereinander gilt also wie für alle anderen Staatsorgane das Prinzip des sog. demokratischen Zentralismus[8]. Das bedeutet nicht nur einen Instanzenzug vom Kreisgericht über das Bezirksgericht zum

[4] Gesetzliche Grundlage für ihre Tätigkeit ist die Richtlinie des Staatsrates der DDR über die Bildung und Tätigkeit von Schiedskommissionen vom 21. 8. 1964 (GBl I, S. 115).

[5] § 10 des Gerichtsverfassungsgesetzes.

[6] § 12 des Gerichtsverfassungsgesetzes.

[7] § 17 des Gerichtsverfassungsgesetzes.

[8] So ein Urteil des Obersten Gerichts, Neue Justiz 1961, S. 104.

Obersten Gericht und damit die Aufhebung einer Entscheidung des niederen durch das höhere Gericht, sondern ein lückenloses Leitungs- und Kontrollsystem, an dessen Spitze das Oberste Gericht steht[9]. Dafür verfügt es über ein vielfältiges Instrumentarium, dessen einzelne Bestandteile sich gegenseitig ergänzen.

Bildet diese strenge Hierarchie mit umfassenden Weisungs- und Kontrollbefugnissen des jeweils höheren Gerichts bzw. des Staatsrates den zentralistischen Bestandteil des sog. demokratischen Zentralismus, so zeigt sich dessen demokratischer Bestandteil nach kommunistischer Auffassung darin, daß alle Berufsrichter und Schöffen der staatlichen Gerichte und die Mitglieder der gesellschaftlichen Gerichte „durch die Volksvertretungen oder unmittelbar durch die Bürger" auf Zeit gewählt werden. Sie sind ihren Wählern rechenschaftspflichtig und können von diesen jederzeit abberufen werden (Art. 95). Die Unabhängigkeit der Richter ist also nicht wie in unserer Rechtsordnung durch Weisungsfreiheit, Ernennung auf Lebenszeit und Unabsetzbarkeit gesichert. Wenn Art. 96 der Verfassung trotzdem davon spricht, daß die Richter in der DDR in ihrer Rechtsprechung unabhängig und nur an die Verfassung, die Gesetze und andere Rechtsvorschriften gebunden seien, so ist damit etwas anderes gemeint, als der Sprachgebrauch annehmen läßt. Dies zeigt ein Satz aus § 1 Abs. 3 des gültigen Gerichtsverfassungsgesetzes, wo es über die Richter heißt: „Ihre Unabhängigkeit beruht auf ihrer festen Verbindung mit dem Volk und wird durch ein demokratisches System der Leitung und Kontrolle der Rechtsprechung gesichert[10]."

9 Neuerdings dazu ausführlich: Beschluß des Plenums des Obersten Gerichts zur weiteren Vervollkommnung der Leitungstätigkeit der Gerichte vom 18. 10. 1967 (Neue Justiz 1967, S. 689).

10 Für weitere Einzelheiten der gegenwärtig in Mitteldeutschland herrschenden Meinung zur richterlichen Unabhängigkeit vgl. Herrmann und Schüsseler, Inhalt und Bedeutung der Unabhängigkeit des Richters in der DDR, Neue Justiz 1963, S. 129–135.

In der DDR hat die Staatsanwaltschaft als Teil der Rechtspflege nicht nur bei Straftaten zu ermitteln, im Hauptverfahren die Anklage zu vertreten und die Strafvollstreckung und den Strafvollzug zu beaufsichtigen, sondern allgemein „über die strikte Einhaltung der sozialistischen Gesetzlichkeit“ zu wachen (Art. 97). Diese sogenannte allgemeine Aufsicht ist eine Rechtskontrolle über Maßnahmen der Behörden und staatlichen Wirtschaftsbetriebe[11]. Ihr Vorbild sind entsprechende Befugnisse der Prokuratur in der Sowjetunion. Die Staatsanwaltschaft der DDR wird vom Generalstaatsanwalt geleitet, dem die Staatsanwälte der Bezirke und Kreise sowie die Militärstaatsanwälte unterstehen (Art. 98). Der Generalstaatsanwalt selbst ist wie das Oberste Gericht unmittelbar der Volkskammer bzw. dem Staatsrat verantwortlich[12].

In Mitteldeutschland gibt es schon seit 1952 keine Verwaltungsgerichtsbarkeit mehr. Die seinerzeit in Thüringen, Brandenburg und Mecklenburg auf landesrechtlicher Grundlage bestehenden Verwaltungsgerichte sind damals zusammen mit den anderen Landesbehörden aufgelöst worden. Trotzdem ist Art. 138 der ersten DDR-Verfassung, der eine Verwaltungsgerichtsbarkeit „zum Schutze der Bürger gegen rechtswidrige Maßnahmen der Verwaltung“ vorsah, niemals aufgehoben worden. Auch die ordentlichen Gerichte sind in der DDR für die Entscheidung von Streitigkeiten zwischen der öffentlichen Gewalt und dem einzelnen Bürger in der Regel nicht zuständig. Gegen rechtswidrige Verwaltungsmaßnahmen gab es bisher meist nur das Recht der Beschwerde an die vorgesetzte Behörde, die endgültig entschied. Auch bestand bisher in Mitteldeutschland keine Staatshaftung[13].

[11] Für die Einzelheiten vgl. jetzt die §§ 36 und 37 des Gesetzes über die Staatsanwaltschaft der DDR vom 17. 4. 1963 (GBl I, S. 57).

[12] Vgl. Art. 98 Abs. 4 in Verbindung mit Art. 49 Abs. 3 und Art. 74 der Verfassung.

[13] Vgl. dazu Brintzinger, Staatshaftung für Amtspflichtverletzungen in der SBZ?, Recht in Ost und West 1965, S. 145–155 und 193–202.

In diesen beiden Punkten kündigt die neue Verfassung bedeutsame Verbesserungen an, wenn natürlich auch abzuwarten bleibt, wie die in den Artikeln 105 und 106 angekündigten Verfahrensgesetze ausgestaltet sein werden. Die Neuregelung des Beschwerderechts kennt je nach der Behördenebene unterschiedliche Verfahren. Für die Behandlung von Beschwerden gegen Leitungsentscheidungen des Ministerrats, des Obersten Gerichts oder des Generalstaatsanwaltes ist der Staatsrat zuständig. Auch über Beschwerden gegen Entscheidungen zentraler Organe des Ministerrats befindet nicht die Stelle, die Anlaß zur Beschwerde gegeben hat, sondern die vorgesetzte Behörde, also der Ministerrat (Art. 104). Beschwerden gegen Entscheidungen örtlicher Organe sind dagegen bei dem Leiter der entscheidenden Behörde einzulegen. Erst wenn dieser seine Entscheidung nicht abändert, ist der Beschwerdeführer berechtigt, sich an eine andere Stelle zu wenden. Dies ist aber bei derartigen Entscheidungen örtlicher Organe nicht die nächsthöhere Behörde, sondern die zuständige Volksvertretung (Bezirkstag, Kreistag, Stadtverordnetenversammlung usw.). Bei den örtlichen Volksvertretungen sollen zu diesem Zweck besondere Beschwerdeausschüsse gebildet werden, deren Aufgaben und Rechte durch Erlaß des Staatsrates geregelt werden sollen (Art. 105). Für Schäden, die einem Bürger oder seinem persönlichen Eigentum durch ungesetzliche Maßnahmen von Mitarbeitern der Staatsorgane zugefügt werden, haftet künftig das Organ, dessen Mitarbeiter den Schaden verursacht hat. Voraussetzungen und Verfahren dieser Staatshaftung sollen durch ein Gesetz der Volkskammer geregelt werden (Art. 106). Es bleibt abzuwarten, ob die Entscheidung von Staatshaftungsansprüchen den Beschwerdeausschüssen der Volksvertretungen, den Verwaltungsbehörden oder den Gerichten übertragen wird. In der rumänischen Verfassung von 1965 beispielsweise ist dafür eine fortschrittliche Lösung gefunden worden. Dort hat man für Bürger, die durch ungesetzliche Akte der öffentlichen Gewalt in ihren Rechten beeinträchtigt worden sind, den Weg zu den ordentlichen Gerichten eröffnet[14]. Diese Regelung kommt Art. 19 Abs. 4 des Grundgesetzes für die Bundesrepublik Deutschland ziemlich nahe, wenn natürlich auch abzuwarten bleibt, wie sie gehandhabt wird.

Überblickt man die Entwicklung des Rechtsschutzes gegen Verwaltungsmaßnahmen in Mitteldeutschland seit 1945, so kann man feststellen, daß seit dem Tiefpunkt, der 1952 mit der Auflösung der Verwaltungsgerichte der Länder eingetreten war, eine Aufwärtsentwicklung zu modernen und sachgerechten Lösungen begonnen hat, die in der geschilderten Weise auch in der neuen Verfassung ihren Niederschlag gefunden hat. Der in Art. 106 unternommene Versuch einer wirksamen Rechtsbindung der Verwaltung erinnert freilich in der Unterscheidung zwischen Staat und schädigendem Staatsorgan an die Anfänge des deutschen Staatshaftungsrechts im vorigen Jahrhundert, als wegen des Gottesgnadentums nicht der Souverän, sondern nur der „Fiskus“ als Vermögensmasse des Herrschers verklagt werden konnte. Eine nüchterne Betrachtungsweise wird indessen anerkennen müssen, daß die Entscheidung von Streitigkeiten über Verwaltungsmaßnahmen am besten Stellen übertragen wird, die außerhalb der Verwaltung stehen und in der Streitschlichtung erfahren sind. Ob man die ordentliche Gerichtsbarkeit damit betraut oder besondere Verwaltungsgerichte errichtet, ist eine zweitrangige Frage, weil die Lösungsform vielfach historisch-zufällig ist.

Auch die neue Verfassung der DDR kennt keine Verfassungsgerichtsbarkeit, wie sie etwa in der jugoslawischen Bundesverfassung von 1963 vorgesehen ist und im Zusammenhang mit der Erneuerung der tschechoslowakischen Verfassung aus dem Jahre 1960 augenblicklich in der ČSSR diskutiert wird. In der sozialistischen Verfassung der DDR ist,

14 Art. 35 in Verbindung mit Art. 96 Abs. 3 der rumänischen Verfassung.

wie schon bei ihrer Vorgängerin, vorgesehen, daß die höchsten Machtorgane über die Verfassungsmäßigkeit der von ihnen erlassenen Rechtsvorschriften selbst entscheiden. Sie sind also Ausleger in eigener Sache, so daß von einer echten Überprüfung etwaiger Zweifel an der Verfassungsmäßigkeit einer Rechtsvorschrift nicht die Rede sein kann. Der Staatsrat legt die Verfassung und die Gesetze verbindlich aus, soweit dies nicht durch die Volkskammer selbst erfolgt (Art. 71 Abs. 3). Da eine Zuständigkeitsabgrenzung zwischen beiden Organen fehlt und der Staatsrat die Tagungen der Volkskammer vorbereitet und einberuft, interpretiert hauptsächlich er die Verfassung und prüft die Verfassungsmäßigkeit von Gesetzen. Gemäß Art. 89 Abs. 3 entscheidet er außerdem über Zweifel an der Verfassungsmäßigkeit von Rechtsvorschriften des Ministerrates und anderer staatlicher Organe.

Die Grundrechte

In freiheitlich-demokratischen Staaten dienen Grundrechte als Verfassungsbestimmungen dazu, ein ausgewogenes Verhältnis zwischen der staatlichen Macht und der Handlungsfreiheit des Bürgers zu sichern. Die Grundrechte sollen den einzelnen vor allem gegen unrechtmäßige Eingriffe abschirmen und ihm dadurch eine Sphäre autonomer Entfaltung seiner Persönlichkeit rechtlich sichern. Neuerdings wird zunehmend anerkannt, daß die Grundrechte darüber hinaus dem einzelnen auch gegenüber mächtigen Gruppen der Gesellschaft (z. B. Gewerkschaften und Arbeitgebern) und bei Übergriffen einzelner anderer Bürger Schutz gewähren.

Aus der Sicht der SED-Machthaber sollen Grundrechte nicht die autonome Entfaltung des einzelnen gegen Eingriffe der öffentlichen Gewalt schützen. Die behauptete Übereinstimmung gesellschaftlicher und individueller Interessen im Sozialismus läßt die Ausgestaltung der Grundrechte als einklagbare Freiheitsrechte überflüssig erscheinen. Alle Grundrechte sind relative, von der politischen Situation abhängige Rechtsgewährungen der rechtlich unbeschränkten Staatsgewalt, die wiederum von der Parteiführung auf die Errichtung der kommunistischen Gesellschaft orientiert ist. Die Entwicklung auf diesen Endzustand hin ist angeblich objektiv notwendig und unaufhaltsam, daher der Bewertung mit Rechtsmaßstäben entzogen. Auch darf dieser Geschichtsablauf nicht etwa durch die Geltendmachung individueller Schutzrechte im subjektiven Interesse gehemmt werden. Die Grundrechte in der DDR sind als sogenannte sozialistische Persönlichkeitsrechte somit nur Instrumente der Politik der SED-Führung mit dem Ziel, die Persönlichkeit jedes Bürgers so umzuformen, daß er stets und unbedingt den Führungsanspruch der Partei anerkennt. Erst wenn der Bürger das Wertungssystem der Parteiführung, die marxistisch-leninistische Weltanschauung, akzeptiert hat und sich aktiv für deren Ziele einsetzt, tritt eine gewisse Rechtsschutzwirkung der Grundrechte zu seinen Gunsten ein. Die Grundrechte in der DDR schützen also nur parteikonforme Verhaltensweisen des einzelnen. Letztlich geben daher erst die aktuellen politischen Zielsetzungen der SED-Führer jedem Grundrecht seinen konkreten Inhalt[1]. Diesen zweckgebundenen Charakter der Grundrechte in der neuen Verfassung kennzeichnete Ulbricht so:

„Wir sind bei ihrer Formulierung davon ausgegangen, daß sie die Bürger unserer DDR befähigen mögen, aktiv und bewußt ihr Leben und damit ihren sozialistischen Staat zu gestalten[2].“

Grundrechte sind ohnehin von der marxistisch-leninistischen Lehre her gesehen kein notwendiger Bestandteil der Rechts- und Verfassungsordnung. Für unser Rechtsdenken ist ein Kern von Rechtspositionen, den das Grundgesetz in Art. 1 Abs. 2 etwa als „unveräußerliche Menschenrechte“ umschreibt, willkürlicher staatlicher Regulierung entzogen. Im kommunistisch regierten Staat kann der einzelne Mensch dagegen lediglich Träger von der Staatsmacht widerruflich gewährter Berechtigungen und auferlegter Pflichten sein, die nach Nützlichkeitserwägungen festgelegt werden. Als Inhaber unveräußerlicher, überstaatlicher Menschenrechte wird er in dieser Ordnung nicht anerkannt. Deshalb überrascht es, daß die Verfassungen sozialistischer Staaten zumeist umfangreiche Abschnitte über die Grundrechte enthalten. Auch wenn dabei nur weltanschaulich zweckgebundene Bürgerrechte gewährt werden, kann darin sicher eine Fernwirkung der Grundrechtskataloge in den Verfassungen moderner Rechtsstaaten gesehen werden.

Dadurch, daß sich die Grundrechte während der Übergangsperiode in ihrem Wesensgehalt verändert und zu sozialisti-

1 Für die Einzelheiten der mitteldeutschen Grundrechtstheorie vgl. Müller-Römer, Die Grundrechte in Mitteldeutschland, Köln 1965, S. 59–99.

2 Neues Deutschland 1. Februar 1968, S. 4.

schen Persönlichkeitsrechten entwickelt hätten, sei das Recht auf „aktive Mitgestaltung an der Leitung des Staates" zum fundamentalsten Grundrecht geworden [3]. Diesem wichtigsten Grundrecht seien alle übrigen als spezielle „Gestaltungsrechte" untergeordnet. Diese unterteilt die mitteldeutsche Staatsrechtslehre nach Sachbereichen in „die ökonomischen, kulturellen und politischen Rechte, nämlich das Recht auf Arbeit, das Recht auf Bildung und das Recht auf Politik, wobei diese Rechte wiederum ganze Gruppen von Einzelrechten umfassen" [4]. Der unbefangene Beobachter kann allerdings rasch feststellen, daß die sozialistischen Grundrechte eine gestaltende Mitwirkung im Rechtssinne nicht eröffnen [5]. Die unter diesem Gesichtspunkt entwickelte Grundrechtssystematik führt deshalb nur dazu, daß die Freiheitsrechte des einzelnen auch rechtstheoretisch in eine Randlage verwiesen werden und statt dessen die berufliche Arbeit gemäß den Direktiven der Parteiführung in den Mittelpunkt der Grundrechtsordnung rückt.

In Anlehnung an diese Systematik enthält die sozialistische Verfassung der DDR in einem „Grundrechte und Grundpflichten der Bürger" überschriebenen Kapitel 22 Grundrechtsartikel (Art. 19–40). Entsprechend den geschilderten Grundsätzen der marxistisch-leninistischen Rechtstheorie, wie sie heute in Mitteldeutschland vertreten wird, stellen diese Grundrechte keine allgemein gültigen Menschenrechte dar, sondern sind Rechtsgewährungen nur an die Bürger der DDR. Die weltanschauliche Zweckgebundenheit aller Grundrechte wird erkennbar, wenn es in Art. 19 Abs. 3 heißt, der einzelne Bürger verwirkliche Freiheit und Würde seiner Persönlichkeit dadurch, daß er frei von Ausbeutung, Unter-

3 So 1958 erstmals Polak, Zur Dialektik in der Staatslehre, 3. Aufl., Berlin (Ost) 1963, S. 167.

4 Krüger und Poppe, Bürgerliche Grundrechte und sozialistische Persönlichkeitsrechte, Staat und Recht 1961, S. 1921–1932 (1932). Darüber neuerdings ausführlich Klenner, Studien über die Grundrechte, Berlin (Ost) 1964, S. 101–128.

5 Nachweis bei Müller-Römer, a. a. O., S. 85 f.

drückung und wirtschaftlicher Abhängigkeit „seine Kräfte aus freiem Entschluß zum Wohle der Gesellschaft und zu seinem eigenen Nutzen in der sozialistischen Gemeinschaft ungehindert" entfalte.

Art. 20 gewährleistet die Gleichheit aller Bürger vor dem Gesetz. Im Gegensatz zum Entwurf wird dabei jetzt ausdrücklich gesagt, daß dies auch unabhängig vom weltanschaulichen oder religiösen Bekenntnis gelte. Der Satz dieses Artikels, daß Gewissens- und Glaubensfreiheit gewährleistet seien, stand ebenfalls noch nicht im Entwurf.

Die folgenden Artikel legen gemäß der geschilderten theoretischen Systematik zunächst die Hauptgrundrechte fest. An der Spitze steht „das Recht, das politische, wirtschaftliche, soziale und kulturelle Leben der sozialistischen Gemeinschaft und des sozialistischen Staates umfassend mitzugestalten" (Art. 21). Im nächsten Artikel ist das Wahlrecht niedergelegt. „Die Leitung der Wahlen durch demokratisch gebildete Wahlkommissionen, die Volksaussprache über die Grundfragen der Politik und die Aufstellung und Prüfung der Kandidaten durch die Wähler" werden darin als unverzichtbare sozialistische Wahlprinzipien bezeichnet (Art. 22). Damit wird sich am Wahlverfahren mit Einheitslisten, auf denen die Kandidaten aller Parteien gemeinsam aufgeführt sind, so daß die Wähler allenfalls eine gewisse Auswahl unter diesen der SED genehmen Kandidaten haben, nichts ändern. Da die politische Macht in der DDR aus der „historischen Rolle der Arbeiterklasse und ihrer Partei" hergeleitet wird, beruht sie ohnehin nicht auf Wahlen. Nachdem in Art. 23 noch eine Verteidigungspflicht für alle Bürger normiert worden ist, verankern die nächsten Artikel das Recht auf Arbeit (Art. 24) und das Recht auf Bildung (Art. 25 und 26), die ja von der mitteldeutschen Theorie ebenfalls mit zu den wichtigsten Grundrechten gezählt werden.

Vergleicht man die einzelnen Grundrechtsbestimmungen der neuen mit denen der bisherigen Verfassung, ist ein erheblicher Rückschritt festzustellen. Wichtige Grundrechte fehlen ganz. Dazu zählen das Streikrecht, die Auswanderungsfreiheit, das Recht auf freie Berufswahl, das Verbot der Pressezensur und das Widerstandsrecht. Auch die Zusicherung, daß Kunst, Wissenschaft und Lehre frei seien, ist fortgefallen. Die ausführliche Regelung der Grundrechte im religiösen Bereich, die sich in Anlehnung an den Text der Weimarer Reichsverfassung in den Art. 41–48 der bisherigen Verfassung fand, kehrt ebenfalls nicht wieder.

Besonders die persönlichen Freiheitsrechte, die sich in den Artikeln 27–32 finden, erfahren im Vergleich zu ihrer Formulierung in der bisherigen Verfassung erhebliche Einengungen. Sie sind jetzt deutlich als zweckgebundene sozialistische Persönlichkeitsrechte erkennbar, weil sie ausdrücklich nur für verfassungskonforme Zwecke gewährt werden. So besteht beispielsweise das Versammlungsrecht nur „im Rahmen der Grundsätze und Ziele der Verfassung“ (Art. 28). Dagegen besteht in der Bundesrepublik gemäß Art. 8 des Grundgesetzes Versammlungsfreiheit auch für Demonstrationen, die der Regierung oder der Mehrheit der Bevölkerung mißfallen. Dieses Demonstrationsrecht wird gerade augenblicklich durch eine Minderheit exzessiv strapaziert. Dessenungeachtet wird es aber von den Gerichten notfalls gegen den Willen der Verwaltung durchgesetzt.

In ähnlicher Weise wie das Versammlungsrecht werden in der neuen DDR-Verfassung die Grundrechte der Meinungs- und Vereinigungsfreiheit nur für verfassungskonforme Zwecke gewährt. Was freilich verfassungsgemäß ist, stellt nicht ein Gericht fest, sondern der Staatsrat, also das höchste Machtorgan.

Mitteldeutsche Juristen betonen stets zwei Aspekte ihres Grundrechtsdenkens als besonders fortschrittlich, nämlich die verfassungsrechtliche Festlegung sog. materieller Garantien für jedes Grundrecht und die sog. dialektische Einheit von Grundrechten und Grundpflichten.

In Art. 28 liest sich diese Garantie eines Grundrechts so:

„Alle Bürger haben das Recht, sich im Rahmen der Grundsätze und Ziele der Verfassung friedlich zu versammeln.

Die Nutzung der materiellen Voraussetzungen zur unbehinderten Ausübung dieses Rechts, der Versammlungsgebäude, Straßen und Kundgebungsplätze, Druckereien und Nachrichtenmittel wird gewährleistet."

Auch die von den Kommunisten vielgepriesene Einheit von Grundrechten und Grundpflichten spricht für sich selbst. So heißt es beispielsweise in Art. 24:

„Jeder Bürger der Deutschen Demokratischen Republik hat das Recht auf Arbeit. Er hat das Recht auf einen Arbeitsplatz und dessen freie Wahl entsprechend den gesellschaftlichen Erfordernissen und der persönlichen Qualifikation ...

Das Recht auf Arbeit und die Pflicht zur Arbeit bilden eine Einheit."

Ein Verfassungsartikel, der eine Pflicht zur Arbeit normiert und die freie Wahl des Arbeitsplatzes nur „entsprechend den gesellschaftlichen Erfordernissen", die natürlich die politische Führung festlegt, zuläßt, wird von den Bürgern demokratischer Staaten als unzumutbar abgelehnt. Die SED feiert ihn als Errungenschaft sozialistischer Staatlichkeit.

Die sozialen Grundrechte nehmen in der neuen Verfassung verhältnismäßig breiten Raum ein (Art. 34–38). Auch hier werden statt rechtlicher stets sog. materielle Garantien erwähnt, die gewährleisten sollen, daß diese Grundrechte verwirklicht werden. Die Realisierung von Rechtssätzen ist aber damit noch nicht erreicht. Dies zeigt sich, wenn man bedenkt, daß in der DDR beispielsweise die Gleichberechtigung von Mann und Frau schon seit 1949 unmittelbar geltendes Recht ist, aber Ulbricht noch bei der Begründung des Entwurfs der neuen Verfassung davon sprach, daß der vollen Gleichberechtigung von Mann und Frau immer noch objektive und subjektive Hindernisse entgegenstünden. Programmsätze,

denn nichts anderes sind die „materiellen Garantien“, bedürfen also zu ihrer Verwirklichung stets noch exakter Ausführungsbestimmungen und einer auf ihre Verwirklichung zielgerichteten ständigen Bemühung im Rechtsalltag.
Die Grundrechte im religiösen Bereich sind bisher in enger Anlehnung an das Vorbild der Weimarer Reichsverfassung ausführlich in 8 Artikeln geregelt gewesen. Sie erfahren jetzt entsprechend dem weltanschaulich gebundenen Charakter der öffentlichen Gewalt in Mitteldeutschland, die dem atheistischen Marxismus-Leninismus verpflichtet ist, eine radikale Verkürzung. Die neue Verfassung geht nur noch in Art. 39 darauf ein. Dabei hat sich das SED-Regime nicht bereit gefunden, die Autonomie der Religionsgemeinschaften weiterhin verfassungsrechtlich zu sichern, obwohl die beiden großen Kirchen während der sogenannten Volksaussprache zum Entwurf gerade darum mit Nachdruck gebeten hatten. Die Trennung von Kirche und Staat ist somit nicht mehr Verfassungssatz. Art. 39 der neuen Verfassung dürfte gerade durch seine Formulierung, daß die Kirchen „ihre Angelegenheiten und ihre Tätigkeit in Übereinstimmung mit der Verfassung und den gesetzlichen Bestimmungen der Deutschen Demokratischen Republik ordnen und ausüben“, als Instrument staatlicher Einmischung mit dem Ziel der Aufspaltung der Evangelischen Kirche in Deutschland gedacht sein.
Schon diese Beispiele lassen die allgemeine Tendenz erkennen, den Grundrechtsschutz durch Wegfall wichtiger Rechte und bei den übrigen Bestimmungen durch Einengungen und weniger genaue Formulierungen erheblich einzuschränken. Praktisch bringt die neue Verfassung allerdings keine großen Veränderungen, denn schon bisher wurden die Grundrechtsbestimmungen der Verfassung von 1949 entgegen ihrem freiheitlichen Wortlaut und Sinn von den Kommunisten parteilich gehandhabt. Künftig werden also Verfassungsrecht und Verfassungswirklichkeit in Mitteldeutschland nicht mehr so weit auseinanderfallen wie bisher. Die weltanschauliche

Gebundenheit der Verfassung als Ganzes wie auch die Unberechenbarkeit ihrer einzelnen Bestimmungen für den Bürger wird man schon aus dem Text besser ablesen können. Wenn aber Freiheit immer die Freiheit des Andersdenkenden ist, wie Rosa Luxemburg einmal gesagt hat, dann ist der Grundrechtskatalog in Ulbrichts Grundgesetz nicht fortschrittlich.

Verfassung der Deutschen Demokratischen Republik vom 6. April 1968

Amtlich veröffentlicht
im Gesetzblatt der Deutschen Demokratischen Republik,
Teil I, S. 199

Getragen von der Verantwortung, der ganzen deutschen Nation den Weg in eine Zukunft des Friedens und des Sozialismus zu weisen,
in Ansehung der geschichtlichen Tatsache, daß der Imperialismus unter Führung der USA im Einvernehmen mit Kreisen des westdeutschen Monopolkapitals Deutschland gespalten hat, um Westdeutschland zu einer Basis des Imperialismus und des Kampfes gegen den Sozialismus aufzubauen, was den Lebensinteressen der Nation widerspricht,
hat sich das Volk der Deutschen Demokratischen Republik,
fest gegründet auf den Errungenschaften der antifaschistisch-demokratischen und der sozialistischen Umwälzung der gesellschaftlichen Ordnung,
einig in seinen werktätigen Klassen und Schichten das Werk der Verfassung vom 7. Oktober 1949 in ihrem Geiste weiterführend
und von dem Willen erfüllt, den Weg des Friedens, der sozialen Gerechtigkeit, der Demokratie, des Sozialismus und der Völkerfreundschaft in freier Entscheidung unbeirrt weiterzugehen,
diese sozialistische Verfassung gegeben.

ABSCHNITT I

Grundlagen der sozialistischen Gesellschafts- und Staatsordnung

KAPITEL 1 Politische Grundlagen

Artikel 1

Die Deutsche Demokratische Republik ist ein sozialistischer Staat deutscher Nation. Sie ist die politische Organisation der Werktätigen in Stadt und Land, die gemeinsam unter Führung der Arbeiterklasse und ihrer marxistisch-leninistischen Partei den Sozialismus verwirklichen.

Die Hauptstadt der Deutschen Demokratischen Republik ist Berlin.

Die Staatsflagge der Deutschen Demokratischen Republik besteht aus den Farben Schwarz-Rot-Gold und trägt auf beiden Seiten in der Mitte das Staatswappen der Deutschen Demokratischen Republik.

Das Staatswappen der Deutschen Demokratischen Republik besteht aus Hammer und Zirkel, umgeben von einem Ährenkranz, der im unteren Teil von einem schwarzrotgoldenen Band umschlungen ist.

Artikel 2

(1) Alle politische Macht in der Deutschen Demokratischen Republik wird von den Werktätigen ausgeübt. Der Mensch steht im Mittelpunkt aller Bemühungen der sozialistischen Gesellschaft und ihres Staates. Das gesellschaftliche System des Sozialismus wird ständig vervollkommnet.

(2) Das feste Bündnis der Arbeiterklasse mit der Klasse der Genossenschaftsbauern, den Angehörigen der In-

telligenz und den anderen Schichten des Volkes, das sozialistische Eigentum an Produktionsmitteln, die Planung und Leitung der gesellschaftlichen Entwicklung nach den fortgeschrittensten Erkenntnissen der Wissenschaft bilden unantastbare Grundlagen der sozialistischen Gesellschaftsordnung.

(3) Die Ausbeutung des Menschen durch den Menschen ist für immer beseitigt. Was des Volkes Hände schaffen, ist des Volkes eigen. Das sozialistische Prinzip „Jeder nach seinen Fähigkeiten, jedem nach seiner Leistung“ wird verwirklicht.

(4) Die Übereinstimmung der politischen, materiellen und kulturellen Interessen der Werktätigen und ihrer Kollektive mit den gesellschaftlichen Erfordernissen ist die wichtigste Triebkraft der sozialistischen Gesellschaft.

Artikel 3

(1) Das Bündnis aller Kräfte des Volks findet in der Nationalen Front des demokratischen Deutschland seinen organisierten Ausdruck.

(2) In der Nationalen Front des demokratischen Deutschland vereinigen die Parteien und Massenorganisationen alle Kräfte des Volkes zum gemeinsamen Handeln für die Entwicklung der sozialistischen Gesellschaft. Dadurch verwirklichen sie das Zusammenleben aller Bürger in der sozialistischen Gemeinschaft nach dem Grundsatz, daß jeder Verantwortung für das Ganze trägt.

Artikel 4

Alle Macht dient dem Wohle des Volkes. Sie sichert sein friedliches Leben, schützt die sozialistische Gesellschaft und gewährleistet die planmäßige Steigerung des Lebensstandards, die freie Entwicklung des Menschen, wahrt seine Würde und garantiert die in dieser Verfassung verbürgten Rechte.

Artikel 5

(1) Die Bürger der Deutschen Demokratischen Republik üben ihre politische Macht durch demokratisch gewählte Volksvertretungen aus.

(2) Die Volksvertretungen sind die Grundlage des Systems der Staatsorgane. Sie stützen sich in ihrer Tätigkeit auf die aktive Mitgestaltung der Bürger an der Vorbereitung, Durchführung und Kontrolle ihrer Entscheidungen.

(3) Zu keiner Zeit und unter keinen Umständen können andere als die verfassungsmäßig vorgesehenen Organe staatliche Macht ausüben.

Artikel 6

(1) Die Deutsche Demokratische Republik hat getreu den Interessen des deutschen Volkes und der internationalen Verpflichtung aller Deutschen auf ihrem Gebiet den deutschen Militarismus und Nazismus ausgerottet und betreibt eine dem Frieden und dem Sozialismus, der Völkerverständigung und der Sicherheit dienende Außenpolitik.

(2) Die Deutsche Demokratische Republik pflegt und entwickelt entsprechend den Prinzipien des sozialistischen Internationalismus die allseitige Zusammenarbeit und Freundschaft mit der Union der Sozialistischen Sowjetrepubliken und den anderen sozialistischen Staaten.

(3) Die Deutsche Demokratische Republik unterstützt die Bestrebungen der Völker nach Freiheit und Unabhängigkeit und pflegt auf der Grundlage der Gleichberechtigung und gegenseitigen Achtung die Zusammenarbeit mit allen Staaten.

(4) Die Deutsche Demokratische Republik erstrebt ein System der kollektiven Sicherheit in Europa und eine stabile Friedensordnung in der Welt. Sie setzt sich für die allgemeine Abrüstung ein.

(5) Militaristische und revanchistische Propaganda in jeder Form, Kriegshetze und Bekundung von Glaubens-, Rassen- und Völkerhaß werden als Verbrechen geahndet.

Artikel 7

(1) Die Staatsorgane gewährleisten die Unantastbarkeit des Staatsgebietes der Deutschen Demokratischen Republik einschließlich des Luftraums und der Territorialgewässer sowie den Schutz und die Nutzung des Festlandsockels.

(2) Die Deutsche Demokratische Republik organisiert die Landesverteidigung sowie den Schutz der sozialistischen Ordnung und des friedlichen Lebens der Bürger. Die Nationale Volksarmee und die anderen Organe der Landesverteidigung schützen die sozialistischen Errungenschaften des Volkes gegen alle Angriffe von außen. Die Nationale Volksarmee pflegt im Interesse der Wahrung des Friedens und der Sicherung des sozialistischen Staates enge Waffenbrüderschaft mit den Armeen der Sowjetunion und anderer sozialistischer Staaten.

Artikel 8

(1) Die allgemein anerkannten, dem Frieden und der friedlichen Zusammenarbeit der Völker dienenden Regeln des Völkerrechts sind für die Staatsmacht und jeden Bürger verbindlich. Die Deutsche Demokratische Republik wird niemals einen Eroberungskrieg unternehmen oder ihre Streitkräfte gegen die Freiheit eines anderen Volkes einsetzen.

(2) Die Herstellung und Pflege normaler Beziehungen und die Zusammenarbeit der beiden deutschen Staaten auf der Grundlage der Gleichberechtigung sind nationales Anliegen der Deutschen Demokratischen Republik. Die Deutsche Demokratische Republik und ihre Bürger erstreben darüber hinaus die Überwindung der vom Im-

perialismus der deutschen Nation aufgezwungenen Spaltung Deutschlands, die schrittweise Annäherung der beiden deutschen Staaten bis zu ihrer Vereinigung auf der Grundlage der Demokratie und des Sozialismus.

KAPITEL 2 Ökonomische Grundlagen, Wissenschaft, Bildung und Kultur

Artikel 9

(1) Die Volkswirtschaft der Deutschen Demokratischen Republik beruht auf dem sozialistischen Eigentum an den Produktionsmitteln. Sie entwickelt sich gemäß den ökonomischen Gesetzen des Sozialismus auf der Grundlage der sozialistischen Produktionsverhältnisse. Die sozialistischen Produktionsverhältnisse entstanden als Ergebnis des Kampfes gegen das monopolkapitalistische Wirtschaftssystem, dessen aggressive und abenteuerliche Politik der deutschen Nation bisher nur Unglück gebracht hat. Durch die Entmachtung der Monopole und Großgrundbesitzer, durch die Abschaffung der kapitalistischen Profitwirtschaft wurde die Quelle der Kriegspolitik und der Ausbeutung des Menschen durch den Menschen beseitigt.

Das sozialistische Eigentum hat sich bewährt.

(2) Die Volkswirtschaft der Deutschen Demokratischen Republik dient der Stärkung der sozialistischen Ordnung, der ständig besseren Befriedigung der materiellen und kulturellen Bedürfnisse der Bürger, der Entfaltung ihrer Persönlichkeit und ihrer sozialistischen gesellschaftlichen Beziehungen.

(3) In der Deutschen Demokratischen Republik gilt der Grundsatz der Planung und Leitung der Volkswirtschaft sowie aller anderen gesellschaftlichen Bereiche. Die

Volkswirtschaft der Deutschen Demokratischen Republik ist sozialistische Planwirtschaft. Das ökonomische System des Sozialismus verbindet die zentrale staatliche Planung und Leitung der Grundfragen der gesellschaftlichen Entwicklung mit der Eigenverantwortung der sozialistischen Warenproduzenten und der örtlichen Staatsorgane.

(4) Die Festlegung des Währungs- und Finanzsystems ist Sache des sozialistischen Staates. Abgaben und Steuern werden auf der Grundlage von Gesetzen erhoben.

(5) Die Außenwirtschaft einschließlich des Außenhandels und der Valutawirtschaft ist staatliches Monopol.

Artikel 10

(1) Das sozialistische Eigentum besteht

als gesamtgesellschaftliches Volkseigentum,

als genossenschaftliches Gemeineigentum werktätiger Kollektive sowie

als Eigentum gesellschaftlicher Organisationen der Bürger.

(2) Das sozialistische Eigentum zu schützen und zu mehren ist Pflicht des sozialistischen Staates und seiner Bürger.

Artikel 11

(1) Das persönliche Eigentum der Bürger und das Erbrecht sind gewährleistet.

Das persönliche Eigentum dient der Befriedigung der materiellen und kulturellen Bedürfnisse der Bürger.

(2) Die Rechte von Urhebern und Erfindern genießen den Schutz des sozialistischen Staates.

(3) Der Gebrauch des Eigentums sowie von Urheber- und Erfinderrechten darf den Interessen der Gesellschaft nicht zuwiderlaufen.

Artikel 12

(1) Die Bodenschätze, die Bergwerke, Kraftwerke, Talsperren und großen Gewässer, die Naturreichtümer des Festlandsockels, größere Industriebetriebe, Banken und Versicherungseinrichtungen, die volkseigenen Güter, die Verkehrswege, die Transportmittel der Eisenbahn, der Seeschiffahrt sowie der Luftfahrt, die Post- und Fernmeldeanlagen sind Volkseigentum. Privateigentum daran ist unzulässig.

(2) Der sozialistische Staat gewährleistet die Nutzung des Volkseigentums mit dem Ziel des höchsten Ergebnisses für die Gesellschaft. Dem dienen die sozialistische Planwirtschaft und das sozialistische Wirtschaftsrecht. Die Nutzung und Bewirtschaftung des Volkseigentums erfolgt grundsätzlich durch die volkseigenen Betriebe und staatlichen Einrichtungen. Seine Nutzung und Bewirtschaftung kann der Staat durch Verträge genossenschaftlichen oder gesellschaftlichen Organisationen und Vereinigungen übertragen. Eine solche Übertragung hat den Interessen der Allgemeinheit und der Mehrung des gesellschaftlichen Reichtums zu dienen.

Artikel 13

Die Geräte, Maschinen, Anlagen, Bauten der landwirtschaftlichen, handwerklichen und sonstigen sozialistischen Genossenschaften sowie die Tierbestände der landwirtschaftlichen Produktionsgenossenschaften und das aus genossenschaftlicher Nutzung des Bodens sowie genossenschaftlicher Produktionsmittel erzielte Ergebnis sind genossenschaftliches Eigentum.

Artikel 14

(1) Die Nutzung und der Betrieb privater Wirtschaftsunternehmen und -einrichtungen zu Erwerbszwecken müssen gesellschaftliche Bedürfnisse befriedigen, der

Erhöhung des Volkswohlstandes und der Mehrung des gesellschaftlichen Reichtums dienen.

(2) Das enge Zusammenwirken von sozialistischen mit privaten Wirtschaftsunternehmen und -einrichtungen wird vom Staat gefördert. In Übereinstimmung mit den gesellschaftlichen Erfordernissen können private Betriebe auf Antrag staatliche Beteiligung aufnehmen.

(3) Privatwirtschaftliche Vereinigungen zur Begründung wirtschaftlicher Macht sind nicht gestattet.

Artikel 15

(1) Der Boden der Deutschen Demokratischen Republik gehört zu ihren kostbarsten Naturreichtümern. Er muß geschützt und rationell genutzt werden. Land- und forstwirtschaftlich genutzter Boden darf nur mit Zustimmung der verantwortlichen staatlichen Organe seiner Zweckbestimmung entzogen werden.

(2) Im Interesse des Wohlergehens der Bürger sorgen Staat und Gesellschaft für den Schutz der Natur. Die Reinhaltung der Gewässer und der Luft sowie der Schutz der Pflanzen- und Tierwelt und der landschaftlichen Schönheiten der Heimat sind durch die zuständigen Organe zu gewährleisten und sind darüber hinaus auch Sache jedes Bürgers.

Artikel 16

Enteignungen sind nur für gemeinnützige Zwecke auf gesetzlicher Grundlage und gegen angemessene Entschädigung zulässig. Sie dürfen nur erfolgen, wenn auf andere Weise der angestrebte gemeinnützige Zweck nicht erreicht werden kann.

Artikel 17

(1) Wissenschaft und Forschung sowie die Anwendung ihrer Erkenntnisse sind wesentliche Grundlagen der

sozialistischen Gesellschaft und werden durch den Staat allseitig gefördert.

(2) Mit dem einheitlichen sozialistischen Bildungssystem sichert die Deutsche Demokratische Republik allen Bürgern eine den ständig steigenden gesellschaftlichen Erfordernissen entsprechende hohe Bildung. Sie befähigt die Bürger, die sozialistische Gesellschaft zu gestalten und an der Entwicklung der sozialistischen Demokratie schöpferisch mitzuwirken.

(3) Die Deutsche Demokratische Republik fördert Wissenschaft und Bildung mit dem Ziel, die Gesellschaft und das Leben der Bürger zu schützen und zu bereichern, die wissenschaftlich-technische Revolution zu meistern sowie den ständigen Fortschritt der sozialistischen Gesellschaft zu gewährleisten.

(4) Jeder gegen den Frieden, die Völkerverständigung, gegen das Leben und die Würde des Menschen gerichtete Mißbrauch der Wissenschaft ist verboten.

Artikel 18

(1) Die sozialistische Nationalkultur gehört zu den Grundlagen der sozialistischen Gesellschaft. Die Deutsche Demokratische Republik fördert und schützt die sozialistische Kultur, die dem Frieden, dem Humanismus und der Entwicklung der sozialistischen Menschengemeinschaft dient. Sie bekämpft die imperialistische Unkultur, die der psychologischen Kriegführung und der Herabwürdigung des Menschen dient. Die sozialistische Gesellschaft fördert das kulturvolle Leben der Werktätigen, pflegt alle humanistischen Werte des nationalen Kulturerbes und der Weltkultur und entwickelt die sozialistische Nationalkultur als Sache des ganzen Volkes.

(2) Die Förderung der Künste, der künstlerischen Interessen und Fähigkeiten aller Werktätigen und die Verbreitung künstlerischer Werke und Leistungen sind

Obliegenheiten des Staates und aller gesellschaftlichen Kräfte. Das künstlerische Schaffen beruht auf einer engen Verbindung der Kulturschaffenden mit dem Leben des Volkes.

(3) Körperkultur, Sport und Touristik als Elemente der sozialistischen Kultur dienen der allseitigen körperlichen und geistigen Entwicklung der Bürger.

ABSCHNITT II

Bürger und Gemeinschaften in der sozialistischen Gesellschaft

KAPITEL 1 Grundrechte und Grundpflichten der Bürger

Artikel 19

(1) Die Deutsche Demokratische Republik garantiert allen Bürgern die Ausübung ihrer Rechte und ihre Mitwirkung an der Leitung der gesellschaftlichen Entwicklung. Sie gewährleistet die sozialistische Gesetzlichkeit und Rechtssicherheit.

(2) Achtung und Schutz der Würde und Freiheit der Persönlichkeit sind Gebot für alle staatlichen Organe, alle gesellschaftlichen Kräfte und jeden einzelnen Bürger.

(3) Frei von Ausbeutung, Unterdrückung und wirtschaftlicher Abhängigkeit hat jeder Bürger gleiche Rechte und vielfältige Möglichkeiten, seine Fähigkeiten in vollem Umfange zu entwickeln und seine Kräfte aus freiem Entschluß zum Wohle der Gesellschaft und zu seinem eigenen Nutzen in der sozialistischen Gemeinschaft ungehindert zu entfalten. So verwirklicht er Freiheit und Würde

seiner Persönlichkeit. Die Beziehungen der Bürger werden durch gegenseitige Achtung und Hilfe, durch die Grundsätze sozialistischer Moral geprägt.

(4) Die Bedingungen für den Erwerb und den Verlust der Staatsbürgerschaft der Deutschen Demokratischen Republik werden durch Gesetz bestimmt.

Artikel 20

(1) Jeder Bürger der Deutschen Demokratischen Republik hat unabhängig von seiner Nationalität, seiner Rasse, seinem weltanschaulichen oder religiösen Bekenntnis, seiner sozialen Herkunft und Stellung die gleichen Rechte und Pflichten. Gewissens- und Glaubensfreiheit sind gewährleistet. Alle Bürger sind vor dem Gesetz gleich.

(2) Mann und Frau sind gleichberechtigt und haben die gleiche Rechtsstellung in allen Bereichen des gesellschaftlichen, staatlichen und persönlichen Lebens. Die Förderung der Frau, besonders in der beruflichen Qualifizierung, ist eine gesellschaftliche und staatliche Aufgabe.

(3) Die Jugend wird in ihrer gesellschaftlichen und beruflichen Entwicklung besonders gefördert. Sie hat alle Möglichkeiten, an der Entwicklung der sozialistischen Gesellschaftsordnung verantwortungsbewußt teilzunehmen.

Artikel 21

(1) Jeder Bürger der Deutschen Demokratischen Republik hat das Recht, das politische, wirtschaftliche, soziale und kulturelle Leben der sozialistischen Gemeinschaft und des sozialistischen Staates umfassend mitzugestalten. Es gilt der Grundsatz „Arbeite mit, plane mit, regiere mit!“.

(2) Das Recht auf Mitbestimmung und Mitgestaltung ist dadurch gewährleistet, daß die Bürger

alle Machtorgane demokratisch wählen, an ihrer Tätigkeit und an der Planung, Leitung und Gestaltung des gesellschaftlichen Lebens mitwirken;
Rechenschaft von den Volksvertretungen, ihren Abgeordneten, den Leitern staatlicher und wirtschaftlicher Organe über ihre Tätigkeit fordern können;
mit der Autorität ihrer gesellschaftlichen Organisationen ihrem Wollen und ihren Forderungen Ausdruck geben;
sich mit ihren Anliegen und Vorschlägen an die gesellschaftlichen, staatlichen und wirtschaftlichen Organe und Einrichtungen wenden können;
in Volksabstimmungen ihren Willen bekunden.

(3) Die Verwirklichung dieses Rechts der Mitbestimmung und Mitgestaltung ist zugleich eine hohe moralische Verpflichtung für jeden Bürger.

Die Ausübung gesellschaftlicher oder staatlicher Funktionen findet die Anerkennung und Unterstützung der Gesellschaft und des Staates.

Artikel 22

(1) Jeder Bürger der Deutschen Demokratischen Republik, der am Wahltage das 18. Lebensjahr vollendet hat, ist wahlberechtigt.

(2) Jeder Bürger kann in die örtlichen Volksvertretungen gewählt werden, wenn er am Wahltage das 18. Lebensjahr vollendet hat. Er kann in die Volkskammer gewählt werden, wenn er am Wahltage das 21. Lebensjahr vollendet hat.

(3) Die Leitung der Wahlen durch demokratisch gebildete Wahlkommissionen, die Volksaussprache über die Grundfragen der Politik und die Aufstellung und Prüfung der Kandidaten durch die Wähler sind unverzichtbare sozialistische Wahlprinzipien.

Artikel 23

(1) Der Schutz des Friedens und des sozialistischen Vaterlandes und seiner Errungenschaften ist Recht und Ehrenpflicht der Bürger der Deutschen Demokratischen Republik. Jeder Bürger ist zum Dienst und zu Leistungen für die Verteidigung der Deutschen Demokratischen Republik entsprechend den Gesetzen verpflichtet.

(2) Kein Bürger darf an kriegerischen Handlungen und ihrer Vorbereitung teilnehmen, die der Unterdrückung eines Volkes dienen.

(3) Die Deutsche Demokratische Republik kann Bürgern anderer Staaten oder Staatenlosen Asyl gewähren, wenn sie wegen politischer, wissenschaftlicher oder kultureller Tätigkeit zur Verteidigung des Friedens, der Demokratie, der Interessen des werktätigen Volkes oder wegen ihrer Teilnahme am sozialen und nationalen Befreiungskampf verfolgt werden.

Artikel 24

(1) Jeder Bürger der Deutschen Demokratischen Republik hat das Recht auf Arbeit. Er hat das Recht auf einen Arbeitsplatz und dessen freie Wahl entsprechend den gesellschaftlichen Erfordernissen und der persönlichen Qualifikation. Er hat das Recht auf Lohn nach Qualität und Quantität der Arbeit. Mann und Frau, Erwachsene und Jugendliche haben das Recht auf gleichen Lohn bei gleicher Arbeitsleistung.

(2) Gesellschaftlich nützliche Tätigkeit ist eine ehrenvolle Pflicht für jeden arbeitsfähigen Bürger. Das Recht auf Arbeit und die Pflicht zur Arbeit bilden eine Einheit.

(3) Das Recht auf Arbeit wird gewährleistet

durch das sozialistische Eigentum an den Produktionsmitteln;

durch die sozialistische Planung und Leitung des gesellschaftlichen Reproduktionsprozesses;

durch das stetige und planmäßige Wachstum der sozialistischen Produktivkräfte und der Arbeitsproduktivität;
durch die konsequente Durchführung der wissenschaftlich-technischen Revolution;
durch ständige Bildung und Weiterbildung der Bürger und
durch das einheitliche sozialistische Arbeitsrecht.

Artikel 25

(1) Jeder Bürger der Deutschen Demokratischen Republik hat das gleiche Recht auf Bildung. Die Bildungsstätten stehen jedermann offen. Das einheitliche sozialistische Bildungssystem gewährleistet jedem Bürger eine kontinuierliche sozialistische Erziehung, Bildung und Weiterbildung.

(2) Die Deutsche Demokratische Republik sichert das Voranschreiten des Volkes zur sozialistischen Gemeinschaft allseitig gebildeter und harmonisch entwickelter Menschen, die vom Geist des sozialistischen Patriotismus und Internationalismus durchdrungen sind und über eine hohe Allgemeinbildung und Spezialbildung verfügen.

(3) Alle Bürger haben das Recht auf Teilnahme am kulturellen Leben. Es erlangt unter den Bedingungen der wissenschaftlich-technischen Revolution und der Erhöhung der geistigen Anforderungen wachsende Bedeutung. Zur vollständigen Ausprägung der sozialistischen Persönlichkeit und zur wachsenden Befriedigung der kulturellen Interessen und Bedürfnisse wird die Teilnahme der Bürger am kulturellen Leben, an der Körperkultur und am Sport durch den Staat und die Gesellschaft gefördert.

(4) In der Deutschen Demokratischen Republik besteht allgemeine zehnjährige Oberschulpflicht, die durch den

Besuch der zehnklassigen allgemeinbildenden polytechnischen Oberschule zu erfüllen ist. In bestimmten Fällen kann die Oberschulbildung in den Einrichtungen der Berufsausbildung oder der Aus- und Weiterbildung der Werktätigen beendet werden. Alle Jugendlichen haben das Recht und die Pflicht, einen Beruf zu erlernen.

(5) Für Kinder und Erwachsene mit psychischen und physischen Schädigungen bestehen Sonderschul- und -ausbildungseinrichtungen.

(6) Die Lösung dieser Aufgaben wird durch den Staat und alle gesellschaftlichen Kräfte in gemeinsamer Bildungs- und Erziehungsarbeit gesichert.

Artikel 26

(1) Der Staat sichert die Möglichkeit des Übergangs zur nächsthöheren Bildungsstufe bis zu den höchsten Bildungsstätten, den Universitäten und Hochschulen, entsprechend dem Leistungsprinzip, den gesellschaftlichen Erfordernissen und unter Berücksichtigung der sozialen Struktur der Bevölkerung.

(2) Es besteht Schulgeldfreiheit. Ausbildungsbeihilfen und Lernmittelfreiheit werden nach sozialen Gesichtspunkten gewährt.

(3) Direktstudenten an den Universitäten, Hoch- und Fachschulen sind von Studiengebühren befreit.

Stipendien und Studienbeihilfen werden nach sozialen Gesichtspunkten und nach Leistung gewährt.

Artikel 27

(1) Jeder Bürger der Deutschen Demokratischen Republik hat das Recht, den Grundsätzen dieser Verfassung gemäß seine Meinung frei und öffentlich zu äußern. Dieses Recht wird durch kein Dienst- oder Arbeitsverhältnis beschränkt. Niemand darf benachteiligt werden, wenn er von diesem Recht Gebrauch macht.

(2) Die Freiheit der Presse, des Rundfunks und des Fernsehens ist gewährleistet.

Artikel 28

(1) Alle Bürger haben das Recht, sich im Rahmen der Grundsätze und Ziele der Verfassung friedlich zu versammeln.

(2) Die Nutzung der materiellen Voraussetzungen zur unbehinderten Ausübung dieses Rechts, der Versammlungsgebäude, Straßen und Kundgebungsplätze, Druckereien und Nachrichtenmittel wird gewährleistet.

Artikel 29

Die Bürger der Deutschen Demokratischen Republik haben das Recht auf Vereinigung, um durch gemeinsames Handeln in politischen Parteien, gesellschaftlichen Organisationen, Vereinigungen und Kollektiven ihre Interessen in Übereinstimmung mit den Grundsätzen und Zielen der Verfassung zu verwirklichen.

Artikel 30

(1) Die Persönlichkeit und Freiheit jedes Bürgers der Deutschen Demokratischen Republik sind unantastbar.

(2) Einschränkungen sind nur im Zusammenhang mit strafbaren Handlungen oder einer Heilbehandlung zulässig und müssen gesetzlich begründet sein. Dabei dürfen die Rechte solcher Bürger nur insoweit eingeschränkt werden, als dies gesetzlich zulässig und unumgänglich ist.

(3) Zum Schutze seiner Freiheit und der Unantastbarkeit seiner Persönlichkeit hat jeder Bürger den Anspruch auf die Hilfe der staatlichen und gesellschaftlichen Organe.

Artikel 31

(1) Post- und Fernmeldegeheimnis sind unverletzbar.

(2) Sie dürfen nur auf gesetzlicher Grundlage ein-

geschränkt werden, wenn es die Sicherheit des sozialistischen Staates oder eine strafrechtliche Verfolgung erfordern.

Artikel 32

Jeder Bürger der Deutschen Demokratischen Republik hat im Rahmen der Gesetze das Recht auf Freizügigkeit innerhalb des Staatsgebietes der Deutschen Demokratischen Republik.

Artikel 33

(1) Jeder Bürger der Deutschen Demokratischen Republik hat bei Aufenthalt außerhalb der Deutschen Demokratischen Republik Anspruch auf Rechtsschutz durch die Organe der Deutschen Demokratischen Republik.

(2) Kein Bürger der Deutschen Demokratischen Republik darf einer auswärtigen Macht ausgeliefert werden.

Artikel 34

(1) Jeder Bürger der Deutschen Demokratischen Republik hat das Recht auf Freizeit und Erholung.

(2) Das Recht auf Freizeit und Erholung wird gewährleistet

durch die gesetzliche Begrenzung der täglichen und wöchentlichen Arbeitszeit,

durch einen vollbezahlten Jahresurlaub und

durch den planmäßigen Ausbau des Netzes volkseigener und anderer gesellschaftlicher Erholungs- und Urlaubszentren.

Artikel 35

(1) Jeder Bürger der Deutschen Demokratischen Republik hat das Recht auf Schutz seiner Gesundheit und seiner Arbeitskraft.

(2) Dieses Recht wird durch die planmäßige Verbesserung der Arbeits- und Lebensbedingungen, die Pflege

der Volksgesundheit, eine umfassende Sozialpolitik, die Förderung der Körperkultur, des Schul- und Volkssports und der Touristik gewährleistet.

(3) Auf der Grundlage eines sozialen Versicherungssystems werden bei Krankheit und Unfällen materielle Sicherheit, unentgeltliche ärztliche Hilfe, Arzneimittel und andere medizinische Sachleistungen gewährt.

Artikel 36

(1) Jeder Bürger der Deutschen Demokratischen Republik hat das Recht auf Fürsorge der Gesellschaft im Alter und bei Invalidität.

(2) Dieses Recht wird durch eine steigende materielle, soziale und kulturelle Versorgung und Betreuung alter und arbeitsunfähiger Bürger gewährleistet.

Artikel 37

(1) Jeder Bürger der Deutschen Demokratischen Republik hat das Recht auf Wohnraum für sich und seine Familie entsprechend den volkswirtschaftlichen Möglichkeiten und örtlichen Bedingungen. Der Staat ist verpflichtet, dieses Recht durch die Förderung des Wohnungsbaus, die Werterhaltung vorhandenen Wohnraumes und die öffentliche Kontrolle über die gerechte Verteilung des Wohnraumes zu verwirklichen.

(2) Es besteht Rechtsschutz bei Kündigungen.

(3) Jeder Bürger hat das Recht auf Unverletzbarkeit seiner Wohnung.

Artikel 38

(1) Ehe, Familie und Mutterschaft stehen unter dem besonderen Schutz des Staates.

Jeder Bürger der Deutschen Demokratischen Republik hat das Recht auf Achtung, Schutz und Förderung seiner Ehe und Familie.

(2) Dieses Recht wird durch die Gleichberechtigung

von Mann und Frau in Ehe und Familie, durch die gesellschaftliche und staatliche Unterstützung der Bürger bei der Festigung und Entwicklung ihrer Ehe und Familie gewährleistet. Kinderreichen Familien, alleinstehenden Müttern und Vätern gilt die Fürsorge und Unterstützung des sozialistischen Staates durch besondere Maßnahmen.

(3) Mutter und Kind genießen den besonderen Schutz des sozialistischen Staates. Schwangerschaftsurlaub, spezielle medizinische Betreuung, materielle und finanzielle Unterstützung bei Geburten und Kindergeld werden gewährt.

(4) Es ist das Recht und die vornehmste Pflicht der Eltern, ihre Kinder zu gesunden und lebensfrohen, tüchtigen und allseitig gebildeten Menschen, zu staatsbewußten Bürgern zu erziehen. Die Eltern haben Anspruch auf ein enges und vertrauensvolles Zusammenwirken mit den gesellschaftlichen und staatlichen Erziehungs- und Bildungseinrichtungen.

Artikel 39

(1) Jeder Bürger der Deutschen Demokratischen Republik hat das Recht, sich zu einem religiösen Glauben zu bekennen und religiöse Handlungen auszuüben.

(2) Die Kirchen und anderen Religionsgemeinschaften ordnen ihre Angelegenheiten und üben ihre Tätigkeit aus in Übereinstimmung mit der Verfassung und den gesetzlichen Bestimmungen der Deutschen Demokratischen Republik. Näheres kann durch Vereinbarungen geregelt werden.

Artikel 40

Bürger der Deutschen Demokratischen Republik sorbischer Nationalität haben das Recht zur Pflege ihrer Muttersprache und Kultur. Die Ausübung dieses Rechts wird vom Staat gefördert.

KAPITEL 2 Betriebe, Städte und Gemeinden in der sozialistischen Gesellschaft

Artikel 41

Die sozialistischen Betriebe, Städte, Gemeinden und Gemeindeverbände sind im Rahmen der zentralen staatlichen Planung und Leitung eigenverantwortliche Gemeinschaften, in denen die Bürger arbeiten und ihre gesellschaftlichen Verhältnisse gestalten. Sie sichern die Wahrnehmung der Grundrechte der Bürger, die wirksame Verbindung der persönlichen mit den gesellschaftlichen Interessen sowie ein vielfältiges gesellschaftlich-politisches und kulturell-geistiges Leben. Sie stehen unter dem Schutz der Verfassung. Eingriffe in ihre Rechte können nur auf der Grundlage von Gesetzen erfolgen.

Artikel 42

(1) Im Betrieb, dessen Tätigkeit die Grundlage für die Schaffung und Mehrung des gesellschaftlichen Reichtums ist, wirken die Werktätigen unmittelbar und mit Hilfe ihrer gewählten Organe an der Leitung mit. Näheres regeln Gesetze oder Statuten.

(2) Zur Erhöhung der gesellschaftlichen Produktivität können von den staatlichen Organen, den Betrieben und Genossenschaften Vereinigungen und Gesellschaften gebildet sowie andere Formen der kooperativen Zusammenarbeit entwickelt werden.

Artikel 43

(1) Die Städte, Gemeinden und Gemeindeverbände der Deutschen Demokratischen Republik gestalten die notwendigen Bedingungen für eine ständig bessere Befriedigung der materiellen, sozialen, kulturellen und sonstigen gemeinsamen Bedürfnisse der Bürger. Zur Lösung dieser Aufgaben arbeiten sie mit den Betrieben und Genossenschaften ihres Gebietes zusammen. Alle Bür-

ger nehmen daran durch die Ausübung ihrer politischen Rechte teil.

(2) Die Verantwortung für die Verwirklichung der gesellschaftlichen Funktion der Städte und Gemeinden obliegt den von den Bürgern gewählten Volksvertretungen. Sie entscheiden eigenverantwortlich auf der Grundlage der Gesetze über ihre Angelegenheiten. Sie tragen die Verantwortung für die rationelle Nutzung aller Werte des Volksvermögens, über die sie verfügen.

KAPITEL 3 Die Gewerkschaften und ihre Rechte

Artikel 44

(1) Die freien Gewerkschaften, vereinigt im Freien Deutschen Gewerkschaftsbund, sind die umfassende Klassenorganisation der Arbeiterklasse. Sie nehmen die Interessen der Arbeiter, Angestellten und Angehörigen der Intelligenz durch umfassende Mitbestimmung in Staat, Wirtschaft und Gesellschaft wahr.

(2) Die Gewerkschaften sind unabhängig. Niemand darf sie in ihrer Tätigkeit einschränken oder behindern.

(3) Die Gewerkschaften nehmen durch die Tätigkeit ihrer Organisationen und Organe, durch ihre Vertreter in den gewählten staatlichen Machtorganen und durch ihre Vorschläge an die staatlichen und wirtschaftlichen Organe maßgeblich teil

an der Gestaltung der sozialistischen Gesellschaft,

an der Planung und Leitung der Volkswirtschaft,

an der Verwirklichung der wissenschaftlich-technischen Revolution,

an der Entwicklung der Arbeits- und Lebensbedingungen, des Gesundheits- und Arbeitsschutzes, der Arbeitskultur, des kulturellen und sportlichen Lebens der Werktätigen.

Die Gewerkschaften arbeiten in den Betrieben und Institutionen an der Ausarbeitung der Pläne mit und sind in den Gesellschaftlichen Räten der Vereinigungen Volkseigener Betriebe und in den Produktionskomitees der Betriebe und Kombinate vertreten. Sie organisieren die Ständigen Produktionsberatungen.

Artikel 45

(1) Die Gewerkschaften haben das Recht, über alle die Arbeits- und Lebensbedingungen der Werktätigen betreffenden Fragen mit staatlichen Organen, mit Betriebsleitungen und anderen wirtschaftsleitenden Organen Vereinbarungen abzuschließen.

(2) Die Gewerkschaften nehmen aktiven Anteil an der Gestaltung der sozialistischen Rechtsordnung. Sie besitzen das Recht der Gesetzesinitiative sowie der gesellschaftlichen Kontrolle über die Wahrung der gesetzlich garantierten Rechte der Werktätigen.

(3) Die Gewerkschaften leiten die Sozialversicherung der Arbeiter und Angestellten auf der Grundlage der Selbstverwaltung der Versicherten. Sie nehmen an der umfassenden materiellen und finanziellen Versorgung und Betreuung der Bürger bei Krankheit, Arbeitsunfall, Invalidität und im Alter teil.

(4) Alle Staatsorgane und Wirtschaftsleiter sind verpflichtet, für eine enge und vertrauensvolle Zusammenarbeit mit den Gewerkschaften Sorge zu tragen.

KAPITEL 4 Die sozialistischen Produktionsgenossenschaften und ihre Rechte

Artikel 46

(1) Die landwirtschaftlichen Produktionsgenossenschaften sind die freiwilligen Vereinigungen der Bauern

zur gemeinsamen sozialistischen Produktion, zur ständig besseren Befriedigung ihrer materiellen und kulturellen Bedürfnisse und zur Versorgung des Volkes und der Volkswirtschaft. Sie gestalten auf der Grundlage der Gesetze eigenverantwortlich ihre Arbeits- und Lebensbedingungen.

(2) Durch ihre Organisationen und ihre Vertreter in den Staatsorganen nehmen die landwirtschaftlichen Produktionsgenossenschaften aktiv an der staatlichen Planung und Leitung der gesellschaftlichen Entwicklung teil.

(3) Der Staat hilft den landwirtschaftlichen Produktionsgenossenschaften, die sozialistische Großproduktion auf der Grundlage fortgeschrittener Wissenschaft und Technik zu entwickeln.

(4) Für die sozialistischen Produktionsgenossenschaften der Fischer, der Gärtner und der Handwerker gelten die gleichen Grundsätze.

ABSCHNITT III

Aufbau und System der staatlichen Leitung

Artikel 47

(1) Der Aufbau und die Tätigkeit der staatlichen Organe werden durch die in dieser Verfassung festgelegten Ziele und Aufgaben der Staatsmacht bestimmt.

(2) Die Souveränität des werktätigen Volkes, verwirklicht auf der Grundlage des demokratischen Zentralismus, ist das tragende Prinzip des Staatsaufbaus.

KAPITEL 1 Die Volkskammer

Artikel 48

(1) Die Volkskammer ist das oberste staatliche Machtorgan der Deutschen Demokratischen Republik. Sie entscheidet in ihren Plenarsitzungen über die Grundfragen der Staatspolitik.

(2) Die Volkskammer ist das einzige verfassungs- und gesetzgebende Organ in der Deutschen Demokratischen Republik. Niemand kann ihre Rechte einschränken.

Die Volkskammer verwirklicht in ihrer Tätigkeit den Grundsatz der Einheit von Beschlußfassung und Durchführung.

Artikel 49

(1) Die Volkskammer bestimmt durch Gesetze und Beschlüsse endgültig und für jedermann verbindlich die Ziele der Entwicklung der Deutschen Demokratischen Republik.

(2) Die Volkskammer legt die Hauptregeln für das Zusammenwirken der Bürger, Gemeinschaften und Staatsorgane sowie deren Aufgaben bei der Durchführung der staatlichen Pläne der gesellschaftlichen Entwicklung fest.

(3) Die Volkskammer gewährleistet die Verwirklichung ihrer Gesetze und Beschlüsse. Sie bestimmt die Grundsätze der Tätigkeit des Staatsrates, des Ministerrates, des Nationalen Verteidigungsrates, des Obersten Gerichts und des Generalstaatsanwalts.

Artikel 50

Die Volkskammer wählt den Vorsitzenden und die Mitglieder des Staatsrates, den Vorsitzenden und die Mitglieder des Ministerrates, den Vorsitzenden des Nationalen Verteidigungsrates, den Präsidenten und die Richter des Obersten Gerichts und den Generalstaatsanwalt. Sie können jederzeit von der Volkskammer abberufen werden.

Artikel 51

Die Volkskammer bestätigt Staatsverträge der Deutschen Demokratischen Republik und andere völkerrechtliche Verträge, soweit durch sie Gesetze der Volkskammer geändert werden. Sie entscheidet über die Kündigung dieser Verträge.

Artikel 52

Die Volkskammer beschließt über den Verteidigungszustand der Deutschen Demokratischen Republik. Im Dringlichkeitsfalle ist der Staatsrat berechtigt, den Verteidigungszustand zu beschließen. Der Vorsitzende des Staatsrates verkündet den Verteidigungszustand.

Artikel 53

Die Volkskammer kann die Durchführung von Volksabstimmungen beschließen.

Artikel 54

Die Volkskammer besteht aus 500 Abgeordneten, die vom Volke auf die Dauer von 4 Jahren in freier, allgemeiner, gleicher und geheimer Wahl gewählt werden.

Artikel 55

(1) Die Volkskammer wählt für die Dauer der Wahlperiode ein Präsidium.

Das Präsidium besteht aus dem Präsidenten der Volkskammer, einem Stellvertreter des Präsidenten und weiteren Mitgliedern.

(2) Dem Präsidium obliegt die Tagungsleitung der Plenarsitzungen. Weitere Aufgaben regelt die Geschäftsordnung der Volkskammer.

Artikel 56

(1) Die Abgeordneten der Volkskammer erfüllen ihre verantwortungsvollen Aufgaben im Interesse und zum Wohle des gesamten Volkes.

(2) Die Abgeordneten fördern die Mitwirkung der Bürger an der Vorbereitung und Verwirklichung der Gesetze in Zusammenarbeit mit den Ausschüssen der Nationalen Front des demokratischen Deutschland, den gesellschaftlichen Organisationen und den staatlichen Organen.

(3) Die Abgeordneten halten enge Verbindung zu ihren Wählern. Sie sind verpflichtet, deren Vorschläge, Hinweise und Kritiken zu beachten und für eine gewissenhafte Behandlung Sorge zu tragen.

(4) Die Abgeordneten erläutern den Bürgern die Politik des sozialistischen Staates.

Artikel 57

(1) Die Abgeordneten der Volkskammer sind verpflichtet, regelmäßig Sprechstunden und Aussprachen durchzuführen sowie den Wählern über ihre Tätigkeit Rechenschaft zu legen.

(2) Ein Abgeordneter, der seine Pflichten gröblich verletzt, kann von den Wählern gemäß dem gesetzlich festgelegten Verfahren abberufen werden.

Artikel 58

Die Abgeordneten der Volkskammer haben das Recht, an den Tagungen der örtlichen Volksvertretungen mit beratender Stimme teilzunehmen.

Artikel 59

Jeder Abgeordnete der Volkskammer hat das Recht, Anfragen an den Ministerrat und jedes seiner Mitglieder zu richten.

Artikel 60

(1) Alle staatlichen und wirtschaftlichen Organe sind verpflichtet, die Abgeordneten bei der Wahrnehmung ihrer Aufgaben zu unterstützen.

(2) Die Abgeordneten der Volkskammer besitzen die Rechte der Immunität. Beschränkungen der persönlichen Freiheit, Hausdurchsuchungen, Beschlagnahmen oder Strafverfolgungen sind gegen Abgeordnete der Volkskammer nur mit Zustimmung der Volkskammer oder in der Zeit zwischen ihren Tagungen mit Zustimmung des Staatsrates zulässig. Die Entscheidung des Staatsrates bedarf der Bestätigung durch die Volkskammer.

Die Abgeordneten der Volkskammer sind berechtigt, über Personen, die ihnen in ihrer Eigenschaft als Abgeordnete Tatsachen anvertrauen oder denen sie in Ausübung ihrer Abgeordnetentätigkeit solche Tatsachen anvertraut haben, sowie über diese Tatsachen selbst die Aussage zu verweigern.

(3) Den Abgeordneten dürfen aus ihrer Abgeordnetentätigkeit keinerlei berufliche oder sonstige persönliche Nachteile entstehen. Sie sind von ihrer beruflichen Tätigkeit freigestellt, soweit die Wahrnehmung ihrer Aufgaben als Abgeordnete es erfordert. Gehälter und Löhne sind weiterzuzahlen.

Artikel 61

(1) Die Volkskammer bildet aus ihrer Mitte Ausschüsse. Ihnen obliegt in enger Zusammenarbeit mit den Wählern die Beratung von Gesetzentwürfen und die ständige Kontrolle der Durchführung der Gesetze.

(2) Die Ausschüsse können die Anwesenheit der zuständigen Minister und Leiter anderer staatlicher Organe in ihren Beratungen zum Zwecke der Erteilung von Auskünften verlangen. Alle Staatsorgane sind verpflichtet,

den Ausschüssen die erforderlichen Informationen zu erteilen.

(3) Die Ausschüsse haben das Recht, Fachleute zur ständigen oder zeitweiligen Mitarbeit heranzuziehen.

Artikel 62

(1) Die Volkskammer tritt spätestens am 30. Tage nach ihrer Wahl zusammen. Ihre erste Tagung wird vom Staatsrat einberufen.

(2) Die Tagungen der Volkskammer sind öffentlich. Auf Antrag von mindestens zwei Dritteln der anwesenden Abgeordneten kann die Öffentlichkeit ausgeschlossen werden.

Artikel 63

(1) Die Volkskammer ist beschlußfähig, wenn mehr als die Hälfte der Abgeordneten anwesend ist.

(2) Die Volkskammer faßt ihre Beschlüsse mit Stimmenmehrheit. Verfassungsändernde Gesetze sind beschlossen, wenn mindestens zwei Drittel der gewählten Abgeordneten zustimmen.

Artikel 64

(1) Vor Ablauf der Wahlperiode findet eine Auflösung der Volkskammer nur durch eigenen Beschluß statt.

(2) Ein solcher Beschluß bedarf der Zustimmung von mindestens zwei Dritteln der gewählten Abgeordneten.

(3) Spätestens am 60. Tage nach Ablauf der Wahlperiode oder am 45. Tage nach Auflösung der Volkskammer muß deren Neuwahl stattfinden.

Artikel 65

(1) Das Recht zur Einbringung von Gesetzesvorlagen haben die Abgeordneten der in der Volkskammer vertretenen Parteien und Massenorganisationen, die Aus-

schüsse der Volkskammer, der Staatsrat, der Ministerrat und der Freie Deutsche Gewerkschaftsbund.

(2) In Vorbereitung der Tagungen der Volkskammer behandelt der Staatsrat Gesetzesvorlagen und prüft deren Verfassungsmäßigkeit.

(3) Die Ausschüsse der Volkskammer beraten die Gesetzesvorlagen und legen ihre Auffassung dem Plenum der Volkskammer vor. Sie werden in ihrer Tätigkeit vom Staatsrat unterstützt.

(4) Entwürfe grundlegender Gesetze werden vor ihrer Verabschiedung der Bevölkerung zur Erörterung unterbreitet. Die Ergebnisse der Volksdiskussion sind bei der endgültigen Fassung auszuwerten.

(5) Die von der Volkskammer verabschiedeten Gesetze werden vom Vorsitzenden des Staatsrates innerhalb eines Monats im Gesetzblatt verkündet.

(6) Gesetze treten am 14. Tage nach ihrer Verkündung in Kraft, soweit sie nichts anderes bestimmen.

KAPITEL 2 Der Staatsrat

Artikel 66

(1) Der Staatsrat erfüllt als Organ der Volkskammer zwischen den Tagungen der Volkskammer alle grundsätzlichen Aufgaben, die sich aus den Gesetzen und Beschlüssen der Volkskammer ergeben. Er ist der Volkskammer für seine Tätigkeit verantwortlich.

(2) Der Vorsitzende des Staatsrates vertritt die Deutsche Demokratische Republik völkerrechtlich. Der Staatsrat entscheidet über den Abschluß der Staatsverträge der Deutschen Demokratischen Republik. Sie werden vom Vorsitzenden des Staatsrates ratifiziert. Der Staatsrat kündigt Staatsverträge.

Artikel 67

(1) Der Staatsrat besteht aus dem Vorsitzenden, seinen Stellvertretern, den Mitgliedern und dem Sekretär.

(2) Der Vorsitzende, die Stellvertreter des Vorsitzenden, die Mitglieder und der Sekretär des Staatsrates werden von der Volkskammer auf ihrer ersten Tagung nach der Neuwahl auf die Dauer von 4 Jahren gewählt.

(3) Nach Ablauf der Wahlperiode der Volkskammer setzt der Staatsrat seine Tätigkeit bis zur Wahl des neuen Staatsrates durch die Volkskammer fort.

Artikel 68

Der Vorsitzende, die Stellvertreter des Vorsitzenden, die Mitglieder und der Sekretär des Staatsrates leisten bei ihrem Amtsantritt der Volkskammer folgenden Eid:

„Ich schwöre, daß ich meine Kraft dem Wohle des Volkes der Deutschen Demokratischen Republik widmen, ihre Verfassung und die Gesetze wahren, meine Pflichten gewissenhaft erfüllen und Gerechtigkeit gegenüber jedermann üben werde.“

Artikel 69

Der Vorsitzende leitet die Arbeit des Staatsrates.

Artikel 70

(1) Der Staatsrat behandelt Vorlagen an die Volkskammer und veranlaßt ihre Beratung in den Ausschüssen der Volkskammer.

(2) Auf Beschluß der Volkskammer oder aus eigener Initiative beruft der Staatsrat die Tagungen der Volkskammer ein.

(3) Der Staatsrat ist verpflichtet, die Volkskammer jederzeit einzuberufen, wenn mindestens ein Drittel der Abgeordneten es verlangt.

Artikel 71

(1) Der Staatsrat regelt die grundsätzlichen Aufgaben, die sich aus den Gesetzen und Beschlüssen der Volkskammer ergeben, durch Erlasse. Sie werden der Volkskammer zur Bestätigung vorgelegt.

(2) Erlasse und Beschlüsse des Staatsrates sind rechtsverbindlich.

(3) Der Staatsrat legt die Verfassung und die Gesetze verbindlich aus, soweit dies nicht durch die Volkskammer selbst erfolgt.

Artikel 72

Der Staatsrat schreibt die Wahlen zur Volkskammer und zu den anderen Volksvertretungen aus.

Artikel 73

(1) Der Staatsrat faßt grundsätzliche Beschlüsse zu Fragen der Verteidigung und Sicherheit des Landes. Er organisiert die Landesverteidigung mit Hilfe des Nationalen Verteidigungsrates.

(2) Der Staatsrat beruft die Mitglieder des Nationalen Verteidigungsrates. Der Nationale Verteidigungsrat ist der Volkskammer und dem Staatsrat für seine Tätigkeit verantwortlich.

Artikel 74

Der Staatsrat nimmt im Auftrage der Volkskammer die ständige Aufsicht über die Verfassungsmäßigkeit und Gesetzlichkeit der Tätigkeit des Obersten Gerichts und des Generalstaatsanwalts wahr.

Artikel 75

(1) Der Vorsitzende des Staatsrates ernennt die bevollmächtigten Vertreter der Deutschen Demokratischen Republik in anderen Staaten und beruft sie ab. Er nimmt

Beglaubigungs- und Abberufungsschreiben der bei ihm akkreditierten Vertreter anderer Staaten entgegen.

(2) Der Staatsrat legt die militärischen Dienstgrade, die diplomatischen Ränge und andere spezielle Titel fest.

Artikel 76

Der Staatsrat stiftet staatliche Orden, Auszeichnungen und Ehrentitel, die von seinem Vorsitzenden verliehen werden.

Artikel 77

Der Staatsrat übt das Amnestie- und Begnadigungsrecht aus.

KAPITEL 3 Der Ministerrat

Artikel 78

(1) Der Ministerrat organisiert im Auftrage der Volkskammer die Erfüllung der politischen, ökonomischen, kulturellen und sozialen sowie die ihm übertragenen Verteidigungsaufgaben des sozialistischen Staates. Er ist ein kollektiv arbeitendes Organ.

(2) Der Ministerrat arbeitet wissenschaftlich begründete Prognosen aus, organisiert die Gestaltung des ökonomischen Systems des Sozialismus und leitet die planmäßige Entwicklung der Volkswirtschaft.

Artikel 79

(1) Der Ministerrat arbeitet auf der Grundlage der Gesetze und Beschlüsse der Volkskammer sowie der Erlasse und Beschlüsse des Staatsrates. Er erläßt im Rahmen der Gesetze und Erlasse Verordnungen und faßt Beschlüsse.

(2) Der Ministerrat leitet, koordiniert und kontrolliert die Tätigkeit der Ministerien, der anderen zentralen Staatsorgane und der Räte der Bezirke entsprechend den Erkenntnissen der Organisationswissenschaft.

(3) Der Ministerrat entscheidet über den Abschluß und die Kündigung völkerrechtlicher Verträge, die in seinem Namen abgeschlossen werden.

Artikel 80

(1) Der Vorsitzende des Ministerrates wird vom Vorsitzenden des Staatsrates der Volkskammer vorgeschlagen und von ihr mit der Bildung des Ministerrates beauftragt.

(2) Der Vorsitzende und die Mitglieder des Ministerrates werden nach der Neuwahl der Volkskammer von ihr auf die Dauer von 4 Jahren gewählt.

(3) Der Vorsitzende und die Mitglieder des Ministerrates werden vom Vorsitzenden des Staatsrates auf die Verfassung vereidigt.

(4) Der Ministerrat besteht aus dem Vorsitzenden, den Stellvertretern des Vorsitzenden und den Ministern. Er wird vom Vorsitzenden des Ministerrates geleitet.

(5) Der Ministerrat bildet aus seiner Mitte das Präsidium des Ministerrates. Es wird vom Vorsitzenden des Ministerrates geleitet.

(6) Jeder Minister leitet verantwortlich das ihm übertragene Aufgabengebiet.

Für die Tätigkeit des Ministerrates tragen alle seine Mitglieder die Verantwortung.

(7) Der Ministerrat ist der Volkskammer verantwortlich und rechenschaftspflichtig.

(8) Nach Ablauf der Wahlperiode der Volkskammer setzt der Ministerrat seine Tätigkeit bis zur Wahl des neuen Ministerrates durch die Volkskammer fort.

Die örtlichen Volksvertretungen und ihre Organe

KAPITEL 4

Artikel 81

(1) Die örtlichen Volksvertretungen sind die von den wahlberechtigten Bürgern gewählten Organe der Staatsmacht in den Bezirken, Kreisen, Städten, Stadtbezirken, Gemeinden und Gemeindeverbänden.

(2) Die örtlichen Volksvertretungen entscheiden auf der Grundlage der Gesetze in eigener Verantwortung über alle Angelegenheiten, die ihr Gebiet und seine Bürger betreffen. Sie organisieren die Mitwirkung der Bürger an der Gestaltung des politischen, wirtschaftlichen, kulturellen und sozialen Lebens und arbeiten mit den gesellschaftlichen Organisationen der Werktätigen zusammen.

(3) Die Tätigkeit der örtlichen Volksvertretungen ist darauf gerichtet,

das sozialistische Eigentum zu mehren und zu schützen, die Arbeits- und Lebensbedingungen der Bürger ständig zu verbessern und das gesellschaftliche und kulturelle Leben der Bürger und ihrer Gemeinschaften zu fördern,

das sozialistische Staats- und Rechtsbewußtsein der Bürger zu heben und die öffentliche Ordnung zu sichern, die sozialistische Gesetzlichkeit zu festigen und die Rechte der Bürger zu wahren.

Artikel 82

(1) Die örtlichen Volksvertretungen fassen Beschlüsse, die für ihre Organe und Einrichtungen sowie für die Volksvertretungen, Gemeinschaften und Bürger ihres Gebietes verbindlich sind. Diese Beschlüsse sind zu veröffentlichen.

(2) Die örtlichen Volksvertretungen haben eigene Einnahmen und verfügen über ihre Verwendung.

Artikel 83

(1) Zur Wahrnehmung ihrer Verantwortung wählt jede örtliche Volksvertretung ihren Rat und Kommissionen. Die Mitglieder des Rates sollen nach Möglichkeit Abgeordnete sein. In die Kommissionen können auch Mitglieder berufen werden, die nicht Abgeordnete sind.

(2) Der Rat sichert die Entfaltung der Tätigkeit der Volksvertretung und organisiert die Leitung der gesellschaftlichen Entwicklung in deren Verantwortungsbereich. Er ist der Volksvertretung für seine gesamte Tätigkeit verantwortlich und dem übergeordneten Rat rechenschaftspflichtig. Der Rat ist ein kollektiv arbeitendes Organ.

(3) Die Kommissionen organisieren die sachkundige Mitwirkung der Bürger bei der Vorbereitung und Durchführung der Beschlüsse der Volksvertretung. Sie kontrollieren die Durchführung der Gesetze, Erlasse, Verordnungen und der Beschlüsse der Volksvertretung durch den Rat und dessen Fachorgane.

Artikel 84

Die örtlichen Volksvertretungen können zur gemeinsamen Wahrnehmung ihrer Aufgaben Verbände bilden.

Artikel 85

Die Aufgaben und Befugnisse der örtlichen Volksvertretungen, ihrer Abgeordneten, Kommissionen und ihrer Räte in den Bezirken, Kreisen, Städten, Stadtbezirken, Gemeinden und Gemeindeverbänden werden durch Gesetz festgelegt.

ABSCHNITT IV

Sozialistische Gesetzlichkeit und Rechtspflege

Artikel 86

Die sozialistische Gesellschaft, die politische Macht des werktätigen Volkes, ihre Staats- und Rechtsordnung sind die grundlegende Garantie für die Einhaltung und die Verwirklichung der Verfassung im Geiste der Gerechtigkeit, Gleichheit, Brüderlichkeit und Menschlichkeit.

Artikel 87

Gesellschaft und Staat gewährleisten die Gesetzlichkeit durch die Einbeziehung der Bürger und ihrer Gemeinschaften in die Rechtspflege und in die gesellschaftliche und staatliche Kontrolle über die Einhaltung des sozialistischen Rechts.

Artikel 88

Die Verantwortlichkeit aller leitenden Mitarbeiter in Staat und Wirtschaft gegenüber den Bürgern ist durch ein System der Rechenschaftspflicht gewährleistet.

Artikel 89

(1) Gesetze und andere allgemeinverbindliche Rechtsvorschriften der Deutschen Demokratischen Republik werden im Gesetzblatt und anderweitig veröffentlicht.

(2) Rechtsvorschriften der örtlichen Volksvertretungen und ihrer Organe werden in geeigneter Form veröffentlicht.

(3) Rechtsvorschriften dürfen der Verfassung nicht

widersprechen. Über Zweifel an der Verfassungsmäßigkeit von Rechtsvorschriften des Ministerrates und anderer staatlicher Organe entscheidet der Staatsrat.

Artikel 90

(1) Die Rechtspflege dient der Durchführung der sozialistischen Gesetzlichkeit, dem Schutz und der Entwicklung der Deutschen Demokratischen Republik und ihrer Staats- und Gesellschaftsordnung. Sie schützt die Freiheit, das friedliche Leben, die Rechte und die Würde der Menschen.

(2) Die Bekämpfung und Verhütung von Straftaten und anderen Rechtsverletzungen sind gemeinsames Anliegen der sozialistischen Gesellschaft, ihres Staates und aller Bürger.

(3) Die Teilnahme der Bürger an der Rechtspflege ist gewährleistet. Sie wird im einzelnen durch Gesetz bestimmt.

Artikel 91

Die allgemein anerkannten Normen des Völkerrechts über die Bestrafung von Verbrechen gegen den Frieden, gegen die Menschlichkeit und von Kriegsverbrechen sind unmittelbar geltendes Recht. Verbrechen dieser Art unterliegen nicht der Verjährung.

Artikel 92

Die Rechtsprechung wird in der Deutschen Demokratischen Republik durch das Oberste Gericht, die Bezirksgerichte, die Kreisgerichte und die gesellschaftlichen Gerichte im Rahmen der ihnen durch Gesetz übertragenen Aufgaben ausgeübt. In Militärstrafsachen üben das Oberste Gericht, die Militärobergerichte und die Militärgerichte die Rechtsprechung aus.

Artikel 93

(1) Das Oberste Gericht ist das höchste Organ der Rechtsprechung.

(2) Das Oberste Gericht leitet die Rechtsprechung der Gerichte auf der Grundlage der Verfassung, der Gesetze und anderen Rechtsvorschriften der Deutschen Demokratischen Republik. Es sichert die einheitliche Rechtsanwendung durch alle Gerichte.

(3) Das Oberste Gericht ist der Volkskammer und zwischen ihren Tagungen dem Staatsrat verantwortlich.

Artikel 94

(1) Richter kann nur sein, wer dem Volk und seinem sozialistischen Staat treu ergeben ist und über ein hohes Maß an Wissen und Lebenserfahrung, an menschlicher Reife und Charakterfestigkeit verfügt.

(2) Die demokratische Wahl aller Richter, Schöffen und Mitglieder gesellschaftlicher Gerichte gewährleistet, daß die Rechtsprechung von Frauen und Männern aller Klassen und Schichten des Volkes ausgeübt wird.

Artikel 95

Alle Richter, Schöffen und Mitglieder der gesellschaftlichen Gerichte werden durch die Volksvertretungen oder unmittelbar durch die Bürger gewählt. Sie erstatten ihren Wählern Bericht über ihre Arbeit. Sie können von ihren Wählern abberufen werden, wenn sie gegen die Verfassung oder die Gesetze verstoßen oder sonst ihre Pflichten gröblich verletzen.

Artikel 96

(1) Die Richter, Schöffen und Mitglieder der gesellschaftlichen Gerichte sind in ihrer Rechtsprechung unabhängig. Sie sind nur an die Verfassung, die Gesetze und anderen Rechtsvorschriften der Deutschen Demokratischen Republik gebunden.

(2) Die Schöffen üben die Funktion eines Richters in vollem Umfang und mit gleichem Stimmrecht wie die Berufsrichter aus.

Artikel 97

Zur Sicherung der sozialistischen Gesellschafts- und Staatsordnung und der Rechte der Bürger wacht die Staatsanwaltschaft auf der Grundlage der Gesetze und anderen Rechtsvorschriften der Deutschen Demokratischen Republik über die strikte Einhaltung der sozialistischen Gesetzlichkeit. Sie schützt die Bürger vor Gesetzesverletzungen. Die Staatsanwaltschaft leitet den Kampf gegen Straftaten und sichert, daß die Personen, die Verbrechen oder Vergehen begangen haben, vor Gericht zur Verantwortung gezogen werden.

Artikel 98

(1) Die Staatsanwaltschaft wird vom Generalstaatsanwalt geleitet.

(2) Dem Generalstaatsanwalt unterstehen die Staatsanwälte der Bezirke und Kreise sowie die Militärstaatsanwälte.

(3) Die Staatsanwälte werden vom Generalstaatsanwalt berufen und abberufen, sie sind ihm verantwortlich und an seine Weisungen gebunden.

(4) Der Generalstaatsanwalt ist der Volkskammer und zwischen ihren Tagungen dem Staatsrat verantwortlich.

Artikel 99

(1) Die strafrechtliche Verantwortlichkeit wird durch die Gesetze der Deutschen Demokratischen Republik bestimmt.

(2) Eine Tat zieht strafrechtliche Verantwortlichkeit nur nach sich, wenn diese zur Zeit der Begehung der Tat gesetzlich festgelegt ist, wenn der Täter schuldhaft

gehandelt hat und die Schuld zweifelsfrei nachgewiesen ist. Strafgesetze haben keine rückwirkende Kraft.

(3) Eine strafrechtliche Verfolgung ist nur in Übereinstimmung mit den Strafgesetzen möglich.

(4) Die Rechte des Bürgers dürfen im Zusammenhang mit einem Strafverfahren nur insoweit eingeschränkt werden, wie dies gesetzlich zulässig und unumgänglich ist.

Artikel 100

(1) Über die Zulässigkeit von Untersuchungshaft hat nur der Richter zu entscheiden. Verhaftete sind spätestens am Tage nach ihrer Verhaftung dem Richter vorzuführen.

(2) Der Richter oder der Staatsanwalt haben im Rahmen ihrer Verantwortung jederzeit zu prüfen, ob die Voraussetzungen der Untersuchungshaft noch vorliegen.

(3) Der Staatsanwalt hat nächste Angehörige des Verhafteten innerhalb von 24 Stunden nach der ersten richterlichen Vernehmung zu benachrichtigen.

Ausnahmen sind nur zulässig, wenn durch die Benachrichtigung der Zweck der Untersuchung gefährdet wird. In diesen Fällen erfolgt die Benachrichtigung nach Wegfall der Gefährdungsgründe.

Artikel 101

(1) Niemand darf seinem gesetzlichen Richter entzogen werden.

(2) Ausnahmegerichte sind unstatthaft.

Artikel 102

(1) Jeder Bürger hat das Recht, vor Gericht gehört zu werden.

(2) Das Recht auf Verteidigung wird während des gesamten Strafverfahrens gewährleistet.

Artikel 103

(1) Jeder Bürger kann sich mit Eingaben (Vorschlägen, Hinweisen, Anliegen oder Beschwerden) an die Volksvertretungen, ihre Abgeordneten oder die staatlichen und wirtschaftlichen Organe wenden. Dieses Recht steht auch den gesellschaftlichen Organisationen und den Gemeinschaften der Bürger zu. Ihnen darf aus der Wahrnehmung dieses Rechts kein Nachteil entstehen.

(2) Die für die Entscheidung verantwortlichen Organe sind verpflichtet, die Eingaben der Bürger oder der Gemeinschaften innerhalb der gesetzlich vorgeschriebenen Frist zu bearbeiten und den Antragstellern das Ergebnis mitzuteilen.

Artikel 104

(1) Für Beschwerden gegen Entscheidungen zentraler Organe des Ministerrates ist der Ministerrat zuständig.

(2) Für Beschwerden gegen Leitungsentscheidungen des Ministerrates, des Obersten Gerichts oder des Generalstaatsanwalts ist der Staatsrat zuständig.

Artikel 105

(1) Für Beschwerden gegen Entscheidungen örtlicher Staatsorgane ist der Leiter des Organs zuständig, welches die angefochtene Entscheidung getroffen hat. Ändert der Leiter die Entscheidung nicht, ist der Beschwerdeführer berechtigt, sich an den Beschwerdeausschuß der zuständigen Volksvertretung zu wenden.

(2) Die Aufgaben und Rechte der Beschwerdeausschüsse werden durch Erlaß geregelt.

Artikel 106

(1) Für Schäden, die einem Bürger oder seinem persönlichen Eigentum durch ungesetzliche Maßnahmen von Mitarbeitern der Staatsorgane zugefügt werden, haftet

das staatliche Organ, dessen Mitarbeiter den Schaden verursacht hat.

(2) Voraussetzungen und Verfahren der Staatshaftung werden durch Gesetz geregelt.

ABSCHNITT V

Schlußbestimmungen

Artikel 107

Die Verfassung ist unmittelbar geltendes Recht.

Artikel 108

Die Verfassung kann nur von der Volkskammer der Deutschen Demokratischen Republik durch Gesetz geändert werden, das den Wortlaut der Verfassung ausdrücklich ändert oder ergänzt.

Zeittafel

14. 11. 1946	Beschluß des Parteivorstandes der SED über den Entwurf einer Verfassung für die Deutsche Demokratische Republik
1947/48	Beratungen im Deutschen Volksrat über eine Verfassung für Gesamtdeutschland auf der Grundlage des SED-Entwurfs
19. 3. 1949	Verabschiedung des endgültigen Entwurfs durch den Deutschen Volksrat
30. 5. 1949	Bestätigung des Verfassungsentwurfs durch den Deutschen Volkskongreß
7. 10. 1949	Der Deutsche Volksrat setzt die Verfassung für das Gebiet der SBZ in Kraft und erklärt sich gleichzeitig zur Provisorischen Volkskammer der DDR.
12. 7. 1952	Proklamierung des Aufbaues des Sozialismus in der DDR auf der 2. Parteikonferenz der SED.
23. 7. 1952	Auflösung aller Organe der fünf Länder der DDR und Bildung von 14 Bezirken aufgrund des sog. Demokratisierungsgesetzes.
6. 10. 1955	Durch Ergänzung des Artikels 5 der Verfassung wird eine allgemeine Verteidigungspflicht „zum Schutze des Vaterlandes und der Errungenschaften der Werktätigen" proklamiert.
16. 7. 1958	Ulbricht erklärt auf dem V. Parteitag der SED, die Grundrechte der Verfassung hätten sich zu sozialistischen Persönlichkeitsrechten entwickelt.
8. 12. 1958	Auflösung der Länderkammer
27. 2. 1960	Bildung des Nationalen Verteidigungsrates

12. 9. 1960	Bildung des Staatsrates
24. 1. 1962	Einführung der Wehrpflicht Erstmals werden gegen Jahresende Forderungen nach einer neuen, sozialistischen Verfassung laut.
17. 4. 1963	Der Ministerrat wird in erster Linie Wirtschaftskabinett unter dem Staatsrat. Dieser erhält zusätzliche Aufgaben im Bereich der Rechtspflege.
17. 4. 1967	Ulbricht spricht auf dem VII. Parteitag der SED erstmals öffentlich von der Notwendigkeit einer neuen Verfassung.
2. 5. 1967	Ulbricht vor der Volkskammer: „Die Zeit für die Ausarbeitung einer neuen Verfassung ist gekommen."
1. 12. 1967	Einsetzung einer Kommission der Volkskammer zur Ausarbeitung der sozialistischen Verfassung
31. 1. 1968	Die Verfassungskommission legt der Volkskammer einen fertigen Entwurf vor, den die Volkskammer zur Kenntnis nimmt und der Bevölkerung zur Aussprache unterbreitet.
Februar/März 1968	„Volksaussprache" mit einer Vielzahl von Veranstaltungen
26. 3. 1968	Die Volkskammer erklärt die „Volksaussprache" für abgeschlossen, bestätigt die von der Kommission überarbeitete Fassung des Entwurfs und beschließt, darüber einen Volksentscheid abzuhalten.
6. 4. 1968	Volksentscheid über die neue Verfassung
8. 4. 1968	Verkündung der Verfassung durch den Vorsitzenden des Staatsrates
9. 4. 1968	Inkrafttreten der sozialistischen Verfassung